汉语言文字理论与应用研究

陈 露 郭长荔 张 杨 ◎著

吉林出版集团股份有限公司
全国百佳图书出版单位

图书在版编目（CIP）数据

汉语言文字理论与应用研究／陈露，郭长荔，张杨著．－－长春：吉林出版集团股份有限公司，2022.9
ISBN 978-7-5731-2276-6

Ⅰ.①汉… Ⅱ.①陈… ②郭… ③张… Ⅲ.①汉语-文字学-研究 Ⅳ.①H12

中国版本图书馆CIP数据核字（2022）第173817号

汉语言文字理论与应用研究
HANYUYAN WENZI LILUN YU YINGYONG YANJIU

著　　者	陈　露　郭长荔　张　杨
责任编辑	杨亚仙
装帧设计	万典文化

出　　版	吉林出版集团股份有限公司
发　　行	吉林出版集团社科图书有限公司
地　　址	吉林省长春市南关区福祉大路5788号　邮编：130118
印　　刷	唐山富达印务有限公司
电　　话	0431-81629711（总编办）
抖 音 号	吉林出版集团社科图书有限公司 37009026326

开　　本	787 mm×1092 mm　1／16
印　　张	7.5
字　　数	180千字
版　　次	2023年1月第1版
印　　次	2023年1月第1次印刷

书　　号	ISBN 978-7-5731-2276-6
定　　价	40.00元

如有印装质量问题，请与市场营销中心联系调换。0431-81629729

PREFACE 前言

汉语的发展伴随着我国几千年历史发展进程。在历史的长河中，我国人民不断对文字进行创新，如今的汉字在形体上已经发生了巨大变化，与早期的甲骨文产生了本质性区别，具有独特的审美特点。我们要在前人的基础上，从艺术的角度欣赏与保护汉语言文字，注重汉字的美学特色，不断开拓创新之路。

我国拥有 56 个民族，不同地域、不同民族均在长期的历史发展中形成了自身的语言书写特色及声音特色，同样的汉字，在不同的地域中发音各有不同，各具特色。不同地域的方言如民谣般拥有婉转的韵律。而随着我国现代化建设的不断深入，方言文化面临着巨大的冲击。为彰显文化特色，许多学者对我国主要的方言进行了收集，并选取了其中一些诙谐的方言及韵调，在视觉及语音方面进行对比，充分展现了我国大江南北的方言文化特色。

汉语言文字是我国优秀文化传承与弘扬的重要载体。在新时代下，不断研究与创新汉语言文字，对弘扬传统文化、树立文化自信、增进文化交流、拓展文化形式具有重要意义。汉语言文字的艺术创新设计是一项较为复杂的过程，离不开我们对时代特征的深度探讨，大众心理的深入研究，以及对汉语言文字的发展途径和未来趋势的探索。希望相关人员在现有基础上更进一步，使中国优秀文化焕发出独特魅力。

笔者在撰写本书的过程中，借鉴了许多前人的研究成果，在此表示衷心的感谢。由于高校教育教学内容涉及范畴较广，需要探索的层面较深，笔者在撰写过程中难免会存在一定的不足，对一些相关问题的研究不够透彻，提出的观点及教学策略有一定的局限性，恳请前辈、同行以及广大读者斧正。

著　者

目 录

第一章 古代汉语理论 ... 1
第一节 古代汉语 ... 1
第二节 古代汉语词汇知识 ... 3
第三节 古代汉语的宾语前置现象 ... 13
第四节 古代汉语的判断句 ... 15
第五节 古代汉语的被动表示法 ... 17

第二章 现代汉语理论 ... 20
第一节 汉字 ... 20
第二节 汉语词汇与使用 ... 21
第三节 汉语语法常识 ... 30
第四节 汉语修辞常识 ... 47

第三章 汉语言美学欣赏 ... 56
第一节 汉语言中的文艺美学 ... 56
第二节 汉语言文学专业中的美学课程 ... 57

第四章 汉语言文学审美 ... 62
第一节 汉语言文学审美的思考 ... 62
第二节 汉语言文学教学与审美教育 ... 64
第三节 汉语言文学的特性和审美 ... 67
第四节 汉语言文学审美教学方法 ... 68
第五节 汉语言文学中语言的审美意境 ... 70

第五章　汉语言文学写作研究 ·· 73
第一节　汉语言文学写作相关问题 ·· 73
第二节　汉语言文学写作的技巧 ·· 77
第三节　汉语言文学专业写作实践教学 ······································ 80

第六章　汉语言文字阅读与理解应用 ·· 88
第一节　文言文基本知识 ·· 88
第二节　文言文的阅读理解与古诗词的鉴赏 ······························ 97
第三节　现代文的阅读与理解 ·· 102

参考文献 ·· 110

第一章　古代汉语理论

第一节　古代汉语

一、什么是古代汉语

古代汉语，指文言，是以先秦口语为基础而形成的古代书面语言。这种语言在"五四"之前的文章写作中一直被人们使用，由于白话文运动的倡导，人们才不再以古代汉语来写文章。但是现代汉语是在古代汉语的基础上发展起来的，而且我国古代大量的文献资料都是用古代汉语记载的，所以，学习古代汉语有着双重意义。古代汉语和现代汉语的差异具体表现在词汇、语音、语法等方面。现今保留下来的大量古代文献古籍，是学习古汉语最好的实用资料。限于教材的篇幅，我们只能简略地介绍古汉语的相关知识。

二、古今汉语的构词特点

语言是音义结合的符号系统，词是这一系统中能够独立运用的最小单位。它可以是一个字，比如"冠""履"等，我们称其为单音节词。有的是两个字，比如"边疆""婵娟""踌躇"等，我们称为双音节词。此外，还有多音节词，如"主人翁"，这叫三音节词。在古代汉语中，大多数是单音节词，双音节词很少，多音节词就更少了。有时两个字在一起，很容易被人误认为是现代汉语的双音节词。如"消息"一词，在古代汉语中，最初是"消长"的意思。《易经》中说："日中则昃，月盈则食，天地盈虚，与时消息。"意思是世界上万事万物，总是彼消此长，有进有退，是在变化着的。再如，贾谊在《鵩鸟赋》中说："合散消息兮，安有常则？"这句中的四个动词"合""散""消""息"分别是聚合、离散、消亡、生长的意思。这样看来，古人所说的"消息"和现代汉语中所说的"消息"根本就不是一个意思。又比如古代的"数学"是指阴阳变化之学，而现在则是指算学。"睡"在古代指的是打瞌睡，并不是现代汉语意义上的"睡觉"（古时称睡觉为"寐"）。了解古代汉语的构词特点和它的古意，是学好古代汉语的关键。

三、古今词义的发展演变

有一些词语古今通用，是现代汉语继承古代汉语的一部分。这些基本词语一看就知道它的意思，不用翻译。比如手、肺、牛、马、羊、鱼、猫、大、小、长、短、蝴蝶、蟋蟀、天文、地理、山水、凄凉、萧条、寂寞、制度等。这是因为它们所反映的客观事物没有发生本质上的变化，这些词语是构成汉语的基本词汇，它们的存在确保了汉语发展缓慢并使其有相对的稳定性。因为在词汇、语音、语法这三个要素中，能反映不断发展的社会新事物的，当数词汇。有些词汇随着时间的推移，已经变成旧词而逐渐消亡，而反映新生事物的新词汇则不断出现，原有的词义也在不断发展演变。这主要有两种情况：

（一）古今意义完全不同

古代汉语和现代汉语有很大不同，甚至可以说它们是两种不同的语言系统。我们所说的古今不同主要指词义的不同，指一个古汉语词在书写上和现代汉语一样，但内涵却完全不一样。比如《孟子·公孙丑上》中说"孟子去齐"，如果不知道"去"字在古代是离开的意思，就会以为这句话的意思是前往齐国。又如诸葛亮的《出师表》中写道："先帝不以臣卑鄙，猥自枉屈，三顾臣于草庐之中，咨臣以当世之事，由是感激，遂许先帝以驱驰。"在古汉语中，"卑鄙"一词中的"卑"，是地位低下的意思，而"鄙"是学识浅陋，乃是诸葛亮的自谦之词，它和现代汉语中的"卑鄙无耻"完全不是一个意思。又比如"绸缪"在古代汉语中只是"缠绕"和"缚束"的意思，《诗经》中著名的"鸟言诗"《豳风·鸱鸮》："迨天之未阴雨，彻彼桑土，绸缪牖户。"这是以鸟的口吻说要在下雨之前，把鸟巢捆扎结实。这句话后来演化成一个成语"未雨绸缪"，用来比喻事前要做好准备，防患于未然。这些古今意义不同的词是学习古代汉语的一大障碍，很容易使人产生误解，我们只好借助词典来识别。

（二）古今意义同中有异

有一些古今常用词语的词义之间有一定联系，随着时间的推移，又有一定的发展，古义和今义既有相同之处，也有不同之处。正因为如此，人们在使用时很容易混淆它们。词义中有异有同的情况，大体上有以下两种情形：

1. 词义范围的差异

（1）词义的范围扩大，即今义的范围大于古义。词义的扩大是指表示的概念范围有了变化，即由指个别对象演变到指一般对象，由指具体事物演变到指抽象事物，由专指某一事物演变到通指一切事物。例如：

响：[古] 回声；[今] 一般的声音。
商：[古] 运货贩卖的人；[今] 泛指一切做生意的人。
国：[古] 指诸侯的封地；[今] 指以国别区划的政权单位。
绪：[古] 丝头；[今] 指一切抽象事物的开端。

（2）词义的缩小，即古义的范围大于今义。例如，"又"在现代汉语中通常只作副词使用，而在西汉以前的古汉语中，它还具有动词"有"的意思。又比如：

禽：[古]飞禽走兽的总称；[今]专指鸟类。
谷：[古]泛指粮食作物；[今]专指小米。
朕：[古]泛指第一人称；[今]专用于皇帝自称。
瓦：[古]泛指陶器；[今]指盖房顶用的建筑材料。

（3）词义的转移，即由一个范围转移到另外一个范围，其主要特点是新义产生后，旧义就不存在了，即使后来在语言中能够看到，也都是以成语、熟语的形式出现的。例如：

书记：[古]图书、官府主管文书者；[今]党团各级组织的主要负责人。
中心：[古]心里；[今]正中，事情的主要部分。
丈夫：[古]男子汉；[今]成年男子，妻子的爱人。

2. 词义感情色彩的差异

古今词义的不同不仅表现在范围上，有时还表现在感情色彩上，主要分为两类：

（1）词义的褒贬倾向不同。包括以下三种情况：

①古代是贬义，现在是褒义。例如：

锻炼：[古]冶炼，罗织罪名陷害他人；[今]进行思想、劳动、身体锻炼。

②古代是褒义，现代是贬义。例如：

复辟：[古]指君位得以恢复；[今]指反动势力卷土重来。
爪牙：[古]国之重臣，君王得力的助手；[今]坏人的党羽、歹徒的帮凶。

③有些词在古代属于中性，没有褒贬的意思，但在现代却有了感情色彩。例如：

诛：[古]责备，词义很轻；[今]杀戮，词义很重。
感激：[古]愤激，词义很重；[今]感谢，词义较轻。

（2）词义的轻重不同。这里包括两种情况：

①古代的感情色彩浓重，现代的词义感情色彩变轻。例如：

贼：[古]作动词用，指"毁害"，后引申为"杀害"，一般认为凶狠、残忍，用暴力手段来达到不正当目的的人，"乱臣贼子"，即指此类人；[今]专指用非暴力手段偷窃他人财物者。

②有些词，古代的感情色彩比较轻，现代的感情色彩比较重。例如：

恨：[古]"遗憾"的意思，有时又可以引申为"悔恨"的意思；[今]"痛恨""愤恨""仇恨"的意思，感情色彩要重得多。

第二节　古代汉语词汇知识

一、词的本义和引申义

词的本义即词的本来意义，是与该词造字时的意义相合并有文献参证的意义。因此，了解词的本义有助于准确地掌握词义，认识词义演变的规律，同时，对于提高阅读古文的能力有重要的意义。如"兵"字，在金文里，"兵"的字形很像双手举斤，"斤"就是兵器；《说文解字》里说："兵，械也，从廾持斤。"《孟子·梁惠王上》有"弃甲曳兵而走"的句子，这里的"兵"指的就是兵器。由此可见，兵器是"兵"的本义。成语中的"短兵相接"讲的就是"兵"的本义。语言是在文字之前产生的，汉字的历史只有4000多年，而语言的产生要比汉字早得多，它可能存在更老的含义，因为没有文字记载，无从考证。这里所说的本义是指造字时的词义，而不是汉语出现时的词义或者它的原始词义。又如"及"，在甲骨文、金文、小篆中有不同的写法，但都是会意字，表示人在前面逃跑，后面一只手抓住，所以，"及"的本义是"赶上"。例如，《左传·隐公元年》中"无庸（用），将自及"，其中的"自及"就是自己赶上灾祸、自取灭亡的意思。又如《左传·成公二年》中"故不能推车而及"，意思是因为不能推车前进，所以被敌人赶上了。

了解字形的来历和演变，其意义主要在于帮助我们探求词的本义。古代汉语和现代汉语一样，有的词可能只有本义而无引申义，而有的词除了本义之外，还有引申义。

由本义直接或间接引申出来的意义，称为引申义。由本义直接引申出来的意义叫作直接引申义，由引申义再引申派生出来的意义叫作间接引申义。一个词可以引申出其他意义，有一词多义的功能，这对我们掌握看似不相干的字词的意义，提高古代汉语的阅读能力有很大帮助。

比如"朝"的本义是早晨，由于古时臣下觐见君王时一般都在早晨，所以由"早晨"引申为"朝见"义。"朝见"要有一定的场所，所以接着又引申为"朝廷"义，这是以引申义为基础引申派生出来的意义。可见，基础义有可能是本义，也可能是本义以外的其他义，因为凡是引申义赖以引申派生出来的都是基础义。本义、引申义虽然都是引申义的基础，但是本义只有一个，基础义却可以有多个。所谓"引"就是由来、出发点，"申"就是扩张、发展，合起来就是从本义出发，扩展它表示多种意义的功能。词义引申的基本途径有三点：由具体到抽象，由个别到一般，由局部到整体。例如：

"明"：①亮：天明登前途，独与老翁别。（杜甫《石壕吏》）②明白、清楚：著《灵宪》《算罔论》，其言详明。（《后汉书·张衡列传》）③英明、贤明：智能之士，思得明君。（《三国志·蜀书·诸葛亮传》）④显明、显示：王者不知众庶，故能明其德。（李斯《谏逐客书》）⑤视力、眼力：明足以察秋毫之末。（《孟子·梁惠王上》）⑥看得清楚：目不能两视而明。（《荀子·劝学》）

"明"的本义是光明。由光明引申为明白、清楚、显明；又引申为英明、贤明。由光明还可以引申为视力、眼力，再引申为视力好，看得清楚，从具体到抽象。

"衣"：①上衣：剑外忽传收蓟北，初闻涕泪满衣裳。（杜甫《闻官军收河南河北》）②泛指身上所穿的：解衣以活友。（马中锡《中山狼传》）③穿、穿上：乃使其从者衣褐，怀其璧，从径道亡。（《史记·廉颇蔺相如列传》）

"衣"的本义为上衣，古曰上为衣，下为裳，因为衣裳常常并用，后泛指身上穿的衣裤（裙）；又用作动词，为穿、穿上。其引申途径为局部到整体。

作为一种语言现象，词义的引申有其自身特定的规律。词义引申实际上是客观事物不断发展和人类的抽象思维日益发达的反映。因此，从本义到引申义所表现的内容看，由具体到抽象，由个别到一般，是本义发展到各种引申义的基本方式。比如"益"，其本义是水从器皿中漫出，凡是水漫出都叫"益"，再引申为增补、增加，是按个别到一般的途径发展的。从类型上，词义的引申可以分为隐喻和换喻两种方式。隐喻是建立在本义和引申义所反映的现实现象具有某种相似的基础上。例如"习"：据东汉许慎《说文解字》中解释，"习"的本义是"数飞"，就是反复、多次地飞。后来"习"又派生出"反复练习""复习""温习"的意思，如《论语·学而》："学而时习之，不亦说乎？"说的就是反复练习和温习的意思。换喻的基础不是与现实现象的相似，而是两者之间存在某种联系，由于这种联系反复出现，在人们的印象中固定下来，于是新义也就派生出来。例如，"兵"的本义是"兵器""武器"，如《孟子·梁惠王上》"弃甲曳兵而走"，就是放弃兵器和铠甲，仓皇而逃的意思。由于战士和武器总是结合在一起，因此后来把"兵"引申为"带兵器的人"，或者"拿兵器的战士"，演化为"士兵"或"战士"。

二、字词的假借现象

所谓"六书"，是指汉字符号系统中的汉字构造规律。具体而言，"六书"就是造字方法，包括象形、指事、会意、形声、转注和假借（后两种实则是用字法）。东汉的班固在其《汉书·艺文志》中说："古者八岁入小学，故周官保氏掌养国子，教之六书，谓象形、象事、象意、象声、转注、假借，造字之本也。"许慎在《说文解字》中进一步解释说："周礼八岁入小学，保氏教国子，先以六书。一曰指事。指事者，视而可识，察而见意，上下是也。二曰象形。象形者，画成其物，随体诘诎，日月是也。三曰形声。形声者，以事为名，取譬相成，江河是也。四曰会意。会意者，比类合谊，以见指撝，武信是也。五曰转注。转注者，建类一首，同意相受，考老是也。六曰假借。假借者，本无其字，依声托事，令长是也。"许慎在《说文解字》中用"六书"的理论分析了9353个汉字对"六书"的解释，对后世产生了巨大的影响。实际上，象形、指事、会意、形声是造字方法，而转注、假借则是汉字的使用方法。

"六书"是对汉字造字方法的总结，而非先有六书，后有汉字。"六书"中的"四体"基本上能够涵盖古文字形体造字的特点，它对我们认识汉字的形与义有很大帮助。

（一）象形

象形就是将具体事物的形象当作造字的根据。凡是能够画出来的事物都可以造成字。比如"日""月"就是根据日、月形象造出的字形。以画造字的对象大概分为两类：一类是画"形"；另一类是画"事"。画"形"有两种方法：一是以一种特征鲜明的形象来表示所表事物的意义，比如首、目、自、止、牛、羊、鹿、鱼、刀、弓、车、门等；二是以两种或两种以上的形象来表示一个事物的意义，因为这些要表示的事物形象不鲜明，单独描绘不能明确地表示其特定的意义，得用相关事物的形体来衬托，比如身、眉、齿、果、瓜、州、文等。

画"事"，首先是按一定的关系组合起来表示比较形象的意义。我们一看图像就知道它的意义。比如从、北、步、各、降、取、伐、鼓等。再比如一前一后的"人"为"从"（跟从）；手执耳为"取"；戈击人为"伐"等。其次是将几个图形按一定的关系组合起来表示比较抽象的事物。图像本身并不表示意义，需要人们联想才能理解。例如，"子"和"女"合而为"好"（美好）；人背子为"保"（安宁）等。了解和掌握象形字对学习汉字、分析汉字的形义以及按部首来理解象形的意义有很大帮助。

（二）指事

指事字就是在人们熟悉的事物上加一个指示符号来表示该字的意义。这类字的意义一般都是事物的某个局部，人虽然一看就懂，但没办法描绘，只好用符号来表示其字义，比如刃、本、朱、亦、末等。

（三）会意

会意即把字合在一起，把它们的意义合起来表示字的意思。例如，把"竹"和"句"（勾）合起来，就构成了"笱"，意思是竹钩；把"水"和"光"合起来，就是"洸"，意思是水光；把"目"和"垂"合起来，就构成了"睡"字。后来人们又造出很少的一些会意字，比如把"不"和"正"合起来，就构成了"歪"，把"不"和"好"合起来，就构成了"孬"等，但其数量不多，因为毕竟把字形和字义连缀起来的局限性很大。

（四）形声

形声即一个字的一半表示这个字的意义，而另一部分则表示其读音。许慎举出"江河"作例字，三点水表示江河水的意思（被称为"意符"或"形符"），"工""可"表示字的读音，由于时间的流逝，"江"和"河"在现代汉语中的读音已经与过去大不相同。形声字不仅直接表示语音，而且能够兼顾语义。形声的造字方法就是用人们熟悉的文字，打破传统造字的局限，具有很强的生命力。以"鱼"为形符为例，就有鲤、鳝、鳗、鲶、鲈等不同的和"鱼"有关的新字。至于用"石""金""气"作形符的字就更多了。

"六书"中的转注和假借讲的主要是汉字之间的关系。转注造字有两个条件：一是部首相同；二是意义相同，如"考，老也"。

在古汉语中的假借字，又称为"通假字"，分为本无其字的假借和实有其字的假借两种。

首先，本无其字的假借，如许慎在《说文解字·叙》中写道："假借者，本无其字，依声托事。"就是说汉语中有些词原本没有与之相适应的文字来表示，于是便借用现成的字来表示这个词义，这就叫作假借。比如，具有指示、人称、语气等多种词性的"其"，就是一个假借字，由于文字中本无这个字，就把它造出来加以借用，上面加一个"竹"字，就变成"箕"，用来表示"簸箕"的意思。

其次，是本有其字的假借，它的特点是本字和假借字同时存在，人们在书写时，没有用这个字，而是用另外一个音同或音近的字来替代，好像我们今天所说的"别字"一样。这类字通称为"通假字"，在古书里这类通假字很多，后来有人还专门编了通假字字典。比如《庄子·秋水》中"不辩牛马"，就是看不清楚对岸到底是牛还是马，本来应该是"辨别"的"辨"，在这里用同音字"辩"，在读原文时大家并没有把意思弄混。又比如一些古文中的"女"字，并不是指"女性"，而是表示第二人称"汝"，古时"女"和"汝"的读音非常相近，用"女"来替代"汝"，就是"本有其字"的假借。两种假借是曾经有过的语言现象，作为常识了解就可以了。

在古代汉语中，字词的假借是一种十分普遍的现象，它给我们阅读古代作品带来了很大的困难，最好的办法是借助工具书一个一个地攻克。比如，《左传·隐公元年》中的"阙地及泉"，"阙地"就是挖地，本来应该用"掘"字，但却用"阙"字来替代。又如李斯的《谏逐客书》中"（秦）惠王用张仪之计……遂散六国之从"。这里的"从"字，本应为"纵"，是指六国合纵联盟的意思。古人使用假借字带有很大的随意性，并无一定的规律可循。我们对古代汉语中的假借字可以在读音上加以辨别，也就是通过所假借字的相近和相同的读音辨别，分析原句所表达的基本意思，这是解决问题最好的办法。

三、古代汉语词类的活用

阅读古文的最大障碍不是文字，而是词汇。学习古代汉语并能流畅地阅读古文，就要了解古代汉语词汇的特点，熟练地使用工具书，这能够有效地解决阅读古文时遇到的词汇问题。古代汉语主要是指古代的书面语。比如"羹"字，在《史记》和《左传》里，指的并不是现在意义上的"汤"，而是肉或者含汁的肉。如《郑伯克段于鄢》中写道："小人有母，皆尝小人之食矣。未尝君之羹，请以遗之。"《史记·项羽本纪》中写道："吾翁即若翁，必欲烹尔翁，则幸分我一杯羹。""羹"在这两句话中不是汤的意思，而是肉的意思。古代汉语和现代汉语的区别主要在于其词汇的形式和意义不同，尤其是语义存在很大区别。

比如《孟子·公孙丑上》里的"孟子去齐"，并不是说孟子到齐国去，而是孟子从齐国离开。单从字面义上看，很容易按现代汉语的意思错误理解这句话。古代汉语词汇的最大特点是单音节词居多。另外，古人把口语和书面语分开，写出来的东西比说出来的东西要少，这一特点使文章言简意赅，虽然字数少，其含义却极其丰富。单音节词还有利于按照韵律的要求来遣词造句。同时，单音节词还有很多同义、近义词，为文章写作和诗歌创作提供了极大的便利。古代汉语中也有双音词和复音词，比如泛滥、造次、纯粹、驱驰等都是复音词。根据词的意义和造句的功能，我们可以把词分类，归纳起来有两大类：一是实词，二是虚词。有实际意义的词，称为实词。实词又分为名词、动词、形容词、数量词。没有实际意义，只起语法作用的词叫作虚词。虚词又分为代词、副词、介词、连词、助词、语气词和感叹词。下面我们简要介绍古代汉语词类的活用。

（一）名词活用

名词的活用可分为名词用作动词和名词用作状语两大类。

1. 名词用作动词

名词当作动词使用时，也分为多种情况：名词的使动用法；名词的意动用法。除了这两种特殊用法外，一般情况下，名词大多被当作谓语动词来使用。例如：

①《荀子·劝学》："假舟楫者，非能水也，而绝江河。"

"水"原本是名词，在这里用作动词，就是"游水"的意思。

②《战国策·触龙说赵太后》："赵王之子孙侯者，其继有在者乎？"

"侯"原本是名词，在这里用作动词，意思是"做诸侯"。

③《史记·项羽本纪》："范增数目项王。"

"目"是眼睛，在这里当作动词"看"来使用。

④《续资治通鉴·宋纪十九》："不蚕而衣。"

"蚕"本来是名词，但在这里作为动词使用，意思是"养蚕"，即（虽然）不养蚕，（而照样）穿衣。

⑤《商君书·更法》："三代不同礼而王，五霸不同法而霸。"

"霸"原本是名词，在这里用作动词，是"称霸"的意思。

2. 名词用作状语

在现代汉语中，只有时间名词才能用作状语，一般名词很少作状语。而在古代汉语中，不论是时间名词还是一般名词，都可以用作状语。名词作状语一般可以表示以下四种意义，有的还有浓郁的修辞色彩。

（1）表示工具和凭借。如：

《战国策·燕策一》："冯（凭）几据杖，眄视指使，则厮役之人至。"

这里的"指"是"用手指"的意思，表示所用的工具。

《三国志·魏志·华佗传》："太祖累书呼，又敕郡县发遣。"

这里的"书"是"用书信"的意思，也表示所使用的工具。

《史记·陈涉世家》："失期，法当斩。"

这里的"法"是"按照法律"的意思，表示依据。

（2）表示方位与处所。如：

《庄子·秋水》："顺流而东行，至于北海。"

"东"是"往东"的意思，在这里表示方位，往什么地方。

《国语·越语上》："四方之士来者，必庙礼之。"

这里的"庙"指"庙堂"，表示处所。

《山海经·海外北经》："未至，道渴而死。"

"道"的意思是"在道路上"，表示处所。

(3) 表示对人的一种态度。如：

《史记·项羽本纪》："君为我呼入，吾将兄事之。"

这里的"兄事之"，就是以兄长的态度来对待他。

《史记·孙子吴起列传》："齐将田忌善而客待之。"

这里的"客待之"就是用对待客人的礼节来对待他。

上述例句中都是用名词作状语，即把动词宾语所指之人当作这个用作宾语的名词所代表的人或事物来对待。

(4) 表示比喻。例如：

李斯《谏逐客书》："蚕食诸侯，使秦成帝业。"

"蚕食"就是像蚕那样吞食的意思。

白居易《庐山草堂记》："引崖上泉，脉分线悬。"

"脉分线悬"的意思是"所引出的山泉，就像脉管一样分出细流，像细线一样悬挂在空中"。这类比喻用法在现代汉语中有些还以成语或固定词语的形式保留着，如风起云涌、蜂拥而至、星罗棋布等。

(二) 动词、形容词的活用

在古代汉语中，除了名词可以活用外，动词和形容词也可以活用。不及物动词和形容词都有使动用法和意动用法（后面具体介绍），动词和形容词可以活用为一般名词。

1. 动词用作名词

《汉书·司马迁传》："主上幸以先人之故，使得奉薄伎，出入周卫之中。"

文中的"周卫"本指"周密地护卫"，是动词，在这里用作名词，指"警卫严密的地方"，也就是"皇宫"。

2. 形容词用作名词

《汉书·司马迁传》："书不能悉意，略陈固陋。"

其中"固陋"是"鄙陋"的意思，原本是形容词，但在这里用作名词，意思是"鄙陋浅薄"。

李清照《如梦令》："知否知否，应是绿肥红瘦。"

词中的"绿"和"红"分别指代"叶"和"花"，从它们所表示的意义上看，这两个形容词都作为名词使用了。

(三) 使动用法

使动用法是古代汉语中常见而又特殊的动宾关系。一般的动宾关系是主语发出谓语表示的动作涉及宾语或宾语发生变化，而使动用法却是主语使宾语发生谓语表示的动作或使宾语发生变化。

使动用法的谓语本来就是动词，有时也可能由形容词和名词来替代，由于其与原来使用的词类有区别，用作使动时，所表示的语法意义也就有所不同。

在古代汉语中，使动用法可分为以下几种类型：

1. 动词的使动用法

动词的使动用法所表示的意思是主语使宾语发生的动词谓语表示的动作或使宾语发生变化。例如：

《论语·季氏》："故远人不服，则修文德以来之。"

句中的"来"本来是不及物动词，在这里用作使动，是"使之来"的意思。

《左传·隐公元年》："若弗与，则清除之，无生民心。"

句中的"生民心"就是"使民生心"，"无生民心"就是"不要使老百姓产生异心"的意思。

需要注意的是，古代汉语中及物动词用作使动的很少，因为及物动词本身就带宾语，它是否用作使动，要由句子的意义来决定。例如：

《汉书·武帝纪》："天汉四年春正月，朝诸侯王于甘泉宫。"这里的"朝诸侯王"的当然不可能是君王，而是诸侯，"朝"在这里是使动用法，句子的意思是"使诸侯王们到甘泉宫里来朝见（君王）。"

《左传·宣公二年》："晋侯饮赵盾酒。"

句中"饮"的当然是"酒"而不是"赵盾"，但"饮"酒的人是"赵盾"，它们在句中都居于宾语的位置，只有通过使动用法才能很好地理解。

2. 形容词的使动用法

形容词的使动用法表示的意思是主语使宾语出现谓语（形容词）表示的状态。换言之，就是使宾语所代表的人或事物具有这个形容词的性质和意义。例如：

李斯《谏逐客书》："王者不却众庶，故能明其德。"

句中的"明"本来是"昌明""显赫"的意思，在这里用作动词，意思是"使德望昭显"。

贾谊《过秦论》："诸侯恐惧，会盟而谋弱秦。"

句中的"弱"是形容词，"弱秦"就是"使秦国削弱"的意思，在这里作动词用。

王安石《泊船瓜洲》："春风又绿江南岸。"

句中的"绿"字是形容词，"又绿"是"使之绿"，即"又使江南绿"的意思。宾语"江南"具有使动用法的"绿"字所代表的性质。

3. 名词的使动用法

古代汉语中的名词使动用法比较少见，主要是使宾语成为这个名词所代表的人或事物。例如：

《史记·淮阴侯列传》："大夫种、范蠡存亡越，霸勾践。"

句中的"霸"为名词，在这里使动用为"霸主"的意思，即"使勾践成为霸主"。

《中山狼传》："先生之恩，生死而肉骨也。"

句中的"肉"为名词，在这里使动用为"使白骨长肉"的意思。句中的"生死"和"肉骨"相对，两者不是并列结构，而是动宾结构。

《史记·项羽本纪》："纵江东父兄怜而王我，我何面目见之？"

句中的"王我"是"使我为王"的意思。名词的使动用法在宾语前还要根据上下文增加合适的动词才能更好地理解。在前面的例句中，"肉骨"在翻译时还要加上"长"字，翻译成"使白骨长肉"。

（四）意动用法

意动用法是主语主观上认为宾语是什么或怎么样，其实质是以一般的动宾结构形式表达认定的内容。它所表达的主观看法，在客观上不一定如此，这是它与使动用法的主要区别。意动用法只限于形容词和名词的活用，动词本身没有意动用法。

1. 形容词的意动用法

形容词的意动用法是主语认为宾语具有充当谓语的形容词表示的性质和状态。例如：

《邹忌讽齐王纳谏》："吾妻之美我者，私我也。"

句中的"美我"是"认为我美"，而不是"使我美"，是形容词意动为动词。

《老子·第八十章》："甘其食，美其服，安其居，乐其俗。"

句中的"甘""美""安""乐"都是意动用法，是"感到满意"的意思，即"认为什么甘""认为什么美""认为什么安逸""认为什么满意"。

《史记·李将军列传》："胡兵终怪之，不敢击。"

句中的"终怪之"是意动用法，可译为"始终觉得怪异"。

2. 名词的意动用法

名词的意动用法是主语把宾语当作谓语的名词表示的事物或情况，即把名词后面的宾语所代表的人或事物看作这个名词所代表的人和事物。例如：

《穀梁传·僖公八年》："夫人之，我可以不夫人之乎？"

句中的"夫人"是名词用作意动，意思是"（国君）把她看成夫人，我可以不把她看成夫人吗？""夫人之"是动宾结构，意思是"以之为夫人"。

《论语·颜渊》："齐景公问政于孔子，孔子对曰：'君君、臣臣、父父、子子'。"

这个句子中两个名词相叠，每个语言结构中前一个名词都是意动用法，意思是"把国君看作国君、把臣子看作臣子、把父亲看作父亲、把儿子看作儿子"。只有各司其职，安守本分，才能维护封建等级制度。

（五）词类活用的条件

词类活用的基础是一类词临时具有另外一类词的语法特征和性质，可以把它当成这类词使用。词类的语法特点和性质必须借助外部条件才能认识清楚。因此，鉴别某一词是否活用，既要看它在句中所处的地位，也要看它与哪类词结合，构成何种语法关系等。归纳起来，这些语法条件大致分为以下几种。

（1）两个名词（有时是名词性词语）连用，假如它们不是并列结构，也不是偏正结构，其中有一个名词就可能活用为动词。

①前一个名词活用为动词，而后一个名词或名词性词语作它的宾语。这和前面介绍的名词使动用法和意动用法是相同的。例如：

《孟子·尽心上》："君子有三乐，而王天下不与存焉。"

句中的"王天下"既不是"王的天下"，也不是"王和天下"，而是"当天下人的王"，是动宾结构。

《史记·项羽本纪》："范增数目项王，举所佩玉玦以示者三，项王默然不应。"

句中的"目项王"既不是并列结构的"目和项王"，也不是偏正结构"目的项王"，而是动宾结构，意思是"几次给项王递眼色"，这里"目"活用为动词。

《种树郭橐驼传》："驼业种树，凡长安豪富人为观游及卖果者，皆争迎取养。"

句中的"业"即活用为动词，后面的"种树"是"业"的宾语，意思是"以种树为职业"。

②两个名词连用，可能是主谓结构，此时，前一个名词作主语，后一个名词就作谓语动词。例如：

《史记·陈涉世家》："乃丹书帛曰'陈胜王'。"

句中的"陈胜王"是"陈胜为王"的意思，"王"是名词活用为谓语动词。

（2）名词、形容词放在"所"字的后面，活用为动词。

李斯《谏逐客书》："然则是所重者在乎色乐珠玉，而所轻者在乎人民也。"

"所"字是具有特殊性的辅助代词，它只能放在动词的前面，指代某种行为动作的对象，构成名词性结构。因此，名词或形容词放在"所"字之后，必须活用为动词。句中的"所重""所轻"，是"所看重""所看轻"的意思，形容词都活用为动词。

（3）名词、形容词放在"能""可""足""欲"等能愿动词的后面，活用为动词，因为能愿动词只能修饰动词。例如：

《论语·公冶长》："子谓公冶长：'可妻也……'。"

句中"可妻也"的意思是"可以放心地把女儿嫁给他做妻子了"。

《史记·甘茂列传》："寡人欲相甘茂，可乎？"

句中的"欲相"就是"想任命他为相"。因为"相"在能愿动词"欲"的后面，所以名词都活用为动词。

（4）名词放在副词后面活用为动词，因为副词在句子里面一般只作动词或形容词的修饰语。例如：

《孟子·梁惠王上》："老者衣帛食肉，黎民不饥不寒，然而不王者，未之有也。"

句中的"不"是否定副词，"不王"是"不能当王"的意思。

《左传·僖公三十二年》："秦师遂东。"

句中的"遂"是副词，"遂东"就是"于是就向东去"的意思。

（5）名词后面的介词结构作补语时，该名词活用为动词，因为介宾结构总要配合动词使用。例如：

《史记·商君列传》："卫鞅复见孝公，公与语，不自知膝之前于席也。"

句中的方位名词"前"用在介词结构"于席"之前，是"挪到席的前面去"的意思，"前"活用为动词。

（6）名词用"而"连接时活用为动词，因为连词"而"的特点是连接动词或动词性词组，通常不能连接名词。例如：

《战国策·齐策》："孟尝君怪其疾也，衣冠而见之。"

句子里的"衣"和"冠"原本都是名词，因为用了"而"与"见之"这一动宾词组连接，于是都活用为动词，意思是"穿衣戴冠"。

《盐铁论·相刺》："不耕而食，不蚕而衣。"

句中的"蚕"和"衣"不仅用"而"连接，同时还受否定副词"不"的修饰，兼有名词活用为动词的两个条件。活用为动词。"不蚕而衣"就是"不种蚕却有衣服穿"的意思；"不耕而食"就是"不种地而有食物吃"的意思。

上面说的只是判别词类活用的一些基本条件，并不能概括所有情况。阅读古文时，我们一要根据词类的语法特点，二要联系上下文来正确地理解原文的意思。

第三节　古代汉语的宾语前置现象

宾语前置是古代汉语表达中出现的一种特殊句式，就是把宾语放在动词之前。宾语前置并不是表达一定语气的一般倒装，而是具有一定语法条件的。汉语没有固定的时态和形态，因此词在句中的次序比较固定，从古到今变化也比较小。但古代汉语中也有一些特殊的现象是现代汉语中所没有的，最典型的词序是宾语在一定条件下要放在动词或介词之前，这种宾语前置的现象产生的语法条件有以下三种：

一、疑问代词作宾语前置

"谁""何""奚""安""焉""胡""乌"等都是古代汉语中的疑问代词，它们作宾语时常常放在动词的前面。例如：

《左传·成公三年》："臣实不才，又谁敢怨？"

句中的"谁敢怨"就是"敢怨谁"的意思，把"谁"这个宾语放在前面。

李白《行路难》："行路难，行路难，多歧路，今安在？"

句中的"安在"就是"在安"（处在哪里），疑问代词充当宾语成分，所以将其放到动词前面。

疑问代词作介词的宾语时，须放在介词的前面。例如：

《庄子·秋水》:"方存乎少见,又奚以自多?"

句中的"奚以"就是"以奚",是"凭什么""靠什么"的意思。

《岳阳楼记》:"微斯人,吾谁与归?"

句中"谁与"就是"与谁",这是常见的宾语前置结构。

二、否定句中代词宾语前置

否定句中代词作宾语,这种宾语前置要具备两个条件:一是宾语必须是代词,表示否定的代词"莫"就属于此类;二是全句必须是否定句。常用的否定词有"不""未""毋""勿""弗"等。例如:

《庄子·秋水》:"闻道百,以为莫己若者,我之谓也。"句中的"莫己若"就是"莫若己",意思是"没有谁能够比得上我自己"。

柳宗元《种树郭橐驼传》:"虽曰爱之,其实害之;虽曰忧之,其实仇之,故不我若也。"

句中的"不我若"就是"不若我",意思是"不像我"。

上述例句,由于宾语都是代词,所以都将其提到动词前面。

三、宾语用指示代词复指前置

这类宾语前置的特点是在宾语前置的同时,还要在宾语后面用代词"是"或"之"复指,"是"或"之"要放在动词前面。这类宾语前置实际上是对前面两个条件的补充,即除了疑问代词宾语和否定句中的代词宾语外,其他类型的宾语如果要提前,就要在宾语后面用指示代词复指,一起放到动词的前面。例如:

《诗经·小雅·节南山》:"秉国之钧,四方是维。"

在这个句子中,"维"是动词,有"保护""保有"的意思,"四方"是"维"的宾语,这里用代词"是"复指,于是一起放到动词的前面。这时,"是"的词汇意义消失,只具备语法的意义,在翻译时就没有必要译出来。

《庄子·秋水》:"闻道百,以为莫己若者,我之谓也。"

句中的"我之谓"就是"说的就是我啊"的意思,宾语"我"用代词"之"复指后放置到动词之前。

这两种宾语前置的格式后来发展成固定的格式:一是在前面加上"唯"字,构成"唯……是"或"唯……之……"的格式。"唯"是表示强调或肯定的语气词,强调宾语的作用更加明显。例如:

《左传·宣公十二年》:"率师以来,唯敌是求。"

句中"是求"就是"求是",现代汉语中的"唯命是从"和"唯利是图"就明显地留有这种句式的痕迹。

从《左传·宣公二年》中的"其我之谓也"、《穀梁传·僖公二年》中的"其斯之谓与"、《左传·隐公元年》中的"其是之谓乎"三个句式中可以看出，句中如果宾语本身是代词，依旧沿用这种语法格式来强调宾语，只是用来复指并起语法作用的代词一般用"之"而不用"是"，而保留其词语意义充当动词宾语的指示代词通常用"是"或其他代词。上述例子中的几个代词都起到复指的语法作用。古代汉语中常见的格式形式，即"是之谓""此之谓"的固定格式。

第四节　古代汉语的判断句

一、古代汉语中的判断句

判断句通常用来辨别事物的类别和属性。在现代汉语中，判断句一般用判断词"是"表示肯定，而否定则在判断词"是"的前面加上否定词"不"。古代汉语却与现代汉语不同，古代汉语不用判断词，其句型大体上包括以下四种：

（1）在句子的主语后面加上辅助代词"者"，复指主语，引出谓语并在谓语后面加上语气词"也"帮助判断。例如：

《庄子·逍遥游》："南冥者，天池也。"

《韩非子·五蠹》："吾所欲者，土地也。"

《史记·李将军列传》："李将军广者，陇西成纪人也。"

上述三个句子，其格式都出现"……者，……也"，这是古代汉语中最典型、最完整的判断句形式。

（2）把主语后面用来复指的"者"省去，只保留后面的语气词"也"。例如：

《左传·僖公四年》："贡之不入，寡君之罪也。"

《汉书·张骞传》："张骞，汉中人也。"

上述两个例句中，都把复指的"者"省去，但却保留了语气词"也"，句子的格式为"……，……也"。

（3）保留主语后面复指的"者"，省略后面的语气词"也"。例如：

《史记·张仪列传》："陈轸者，游说之士。"

其基本句式是"……者，……"。

（4）句子中的"者"和"也"全都省略，同样可以构成判断句。例如：

《左传·哀公八年》："夫鲁，齐晋之唇。"

《史记·孟轲荀卿列传》："荀卿，赵人。"

句中没有"者"和"也"，同样表示判断。

需要说明的是，古代汉语中也常常出现"是"字，但它最初不是判断词，而是指示代词，和"此"的作用是一样的，常用来作判断句的主语。例如：

《论语·季氏》:"是社稷之臣也。"
《左传·僖公二年》:"是吾宝也。"

句中的"是"为"此"和"这"的意思,在句子中充当主语成分。值得注意的是,以先秦口语为模仿标准的历代文言作品中,作为判断词的"是"始终没有被普遍采用。虽然先秦已经将"是"作为判断词使用,但到了汉代它才常见。

还需要注意的是,在古代汉语的判断句中,常常能够看到在谓语前面加副词"乃""即"或语气词"维""惟",这些看来像现代汉语的判断词实质上不是判断词,"乃"和"即"是副词,用来加强肯定语气,大概相当于现代汉语中的"便(是)""就(是)"。而"维"和"惟"则是语气词,其作用是因此引出谓语。

二、判断句式的活用

古代汉语和现代汉语一样,存在一些不表示判断的判断句,即它们的主语和谓语并不属于同类事物或者并不具备同类性质。例如:

《荀子·王制》:"君者,舟也;庶人者,水也。"

很明显,句子中的"君"与"舟"、"庶人"和"水"都不是同一类事物,构不成判断关系。这里所说的是"君子像船,而庶人(老百姓)像水",这是用判断句的形式来表示比喻的一种修辞手段。

苏轼《日喻》:"故凡不学而务求道,皆北方之学没(潜水)者也。"

同上述例子一样,这个句子在形式上很像前面例举的判断句的第二类例子,其实也是比喻意义。而下面几个例子就更不可能用判断句中的判断关系来解释。

《左传·庄公十年》:"夫战,勇气也。"

此句的意思是"打仗,是需要勇气的"。

《战国策·齐策》:"百乘,显使也。"

此句的意思是"带着百辆车乘的是显赫的使者"。

白居易《轻肥》:"朱绂皆大夫,紫绶悉将军。"

此句的意思是"戴着朱绂的都是大夫,戴着紫绶的都是将军"。

这些用判断句的形式表达比较复杂内容的方法,在古代汉语中也十分常见。我们在理解它们的时候必须针对不同的句式,仔细加以分析,不要随意猜测。

此外,在古代汉语中,判断句还有灵活的用法,就是在表示因果关系的复句中,用带"也"的判断句放在表示结果的分句之后来说明原因。例如:

《韩非子·五蠹》:"轻辞天子,非高也,势薄也;重争土橐,非下也,权重也。"

句中从正反两个方面说明"轻辞天子"和"重争土橐"的原因。

《战国策·触龙说赵太后》:"此其近者祸及身,远者及其子孙;岂人主之子孙则必不善哉?位尊而无功,奉厚而无劳,而挟重器多也。"

这个句子比较复杂,"位尊而无功"下面的三句是解释"近者祸及身,远者及其子孙"的原因。对于这样的判断句式，我们必须针对句子的原意和句型来分析和判断，才能够正确理解。

第五节　古代汉语的被动表示法

古代汉语的被动表示法与现代汉语大体上是一致的。所谓被动，就是指主语和谓语动词之间的关系是被动关系，谓语动词所表示的动作行为不是由主语发出或者实现的。

一、被动表示法与被动句

《左传·隐公元年》："蔓草犹不可除，况君之宠弟乎？"

《荀子·劝学》："锲而不舍，金石可镂。"

上面两个例句中，"金石"是被"镂"的，"蔓草"是被"除"的，主语都是后面的动词所表示的行为的被动者、受事者。这种被动表示法的特点，就是没有专门可以表示被动的词语，主语的被动性只能从语意上来理解，所以没有形成固定的表示被动的句式。这种被动表示法一直延续到现代汉语。应当注意的是，被动表示法与使用被动词所构成的被动句不是同一的概念，它是被动表示法中包括使用被动词而构成的被动句。但是被动句并不是汉语中唯一表示被动句的方法，而只是其中一种，这一点一定要分清楚。

二、几种常见的被动句式

用被动句式表示主语的被动性质，是古代汉语和现代汉语都在使用的另一种被动表示法。被动句式，就是指由于使用了专门的被动词，我们能够从句子的结构本身看出主语被动性质的句式。例如，现代汉语中"机器被我修好了""东西被他吃掉了"等句式，从其中的"被"字，我们就能够看出主语是动词所表示动作行为的受事者、被动者。这里所举的例子是典型的被动句句式。在先秦时期，汉语中的被动句就已经出现。虽然如此，古代汉语和现代汉语的被动句里使用的被动词是不同的，这是古今汉语被动句式的最大区别。在此介绍古代汉语被动句的三种主要形式：

（一）用介词"于"构成的被动句

在被动句的动词后面用介词"于"把行为的主动者引入句中，使动词前面的主语产生明显的被动性质。例如：

《庄子·秋水》："夏虫不可以语于冰者，笃于时也。"

句子中的"笃"是"限制"的意思，"笃于时"就是"被生长的季节所限制"。

《战国策·齐策四》："寡人不祥，被于宗庙之祟，沉于谄谀之臣，开罪于君。"

句子中的"沉于谄谀之臣"指的是"被谄谀之臣所包围和迷惑"。这类句子用"于"引入动作行为的主动者后，整个句子的被动式被突显出来。古人在写文章时，还经常把主动句和被动句放在一起，以强调其完全不同的结果，使句子构成一种对比关系，一句是主动句，一句是被动句，"于"在这里表示的被动意义就十分明显了。

《孟子·滕文公上》："劳心者治人，劳力者治于人。"

《汉书·项羽本纪》："先发制人，后发制于人。"

上述两个句子前面分句没有加"于"字，所以都是主动句，而后面分句加了"于"字，引入了行为动作的主动者，所以是被动句。

（二）用"见"字构成的被动句

将"见"字放到动词的前面，使之形成被动句式，在古代汉语中是十分常见的形式。例如：

《荀子·非十二子》："故君子耻不修，不耻见污；耻不信，不耻不见信；耻不能，不耻不见用。"

这个句子中的"见污""见信""见用"就是"被污""被信""被用"的意思，"见"在被动句中表示被动的作用。

《汉书·燕刺王刘旦传》："臣闻武帝使中郎将苏武使匈奴，见留二十年不降。"

句子中的"见留"就是"被留"的意思，"见"在被动句中起表示被动的作用。

用"见"字构成被动句，通常只放在动词之前，表示这个动词具有被动的性质，但不能直接引入行为的主动者，这同"于"的作用很不相同。假如需要引入行为的主动者，就只能在动词后面再加一个"于"的被动句式与之相配合，使行为的主动者出现在"于"的后面。例如：

《左传·襄公十八年》："止，将为三军获。"

句子中的"将为三军获"，就是"将被三军获"，句中虽然没有出现主语，但全句却显示出明显的被动性质，"三军"是动词"获"这一动作行为的主动者。

《庄子·天下》："道术将为天下裂。"

句中的主语"道术"是动词"裂"（分裂、割裂）的对象，是被动者、受事者，"裂"这个行为的主动者则是"为"所引进的"天下"（指天下人）。

"为"字后面所引入的行为主动者有时也可以不出现，把"为"直接放在动词前面，形成被动句式。例如：

《史记·陈涉世家》："吴广素爱人，士卒多为用者。"

句中的"为用"就是"被用"，句中的行为主动者并未出现。

《史记·淮阴侯列传》："诚令成安君听足下计，若信者亦已为禽矣。"

句中的"为禽"是"被擒获"，句子中行为的主动者也没出现。

用"为"组成的被动句式经过演变，构成"为……所"的固定句式，例如：

《史记·魏公子列传》："嬴闻如姬父为人所杀。"

《汉书·霍光传》："卫太子为江充所败。"

上面两个句子就是古代常用的被动句句式，现代汉语也沿用了这种句式。在古代汉语

中,"为"后的行为主动者有时也可以不出现,将"为"和"所"连在一起。例如:

《史记·李将军列传》:"其将兵数困辱,其射猛兽亦为所伤云。"

句中的"为所伤"就是"被所伤",在"为"的后面没有将行为的主动者引入,因为这些主动者在前文中已经出现,就用不着重复了,而在现代汉语中是没有这种格式的。

第二章　现代汉语理论

第一节　汉字

一、汉字常识

文字是记录语言的书写符号，是重要的辅助性交际工具。文字是在语言的基础上产生的。人类有了文字，突破了语言在时间和空间上的限制，扩大了语言的交际功能。汉字是汉族人的祖先在长期社会实践中逐渐创造出来的。我国历史上流传着汉字是仓颉一个人创造出来的说法，这显然不正确。汉字是世界上历史最悠久的文字之一，殷商的甲骨文距现在已有3000多年的历史。但是，汉字产生的时间比这一时间更早，西安半坡遗址距今有五六千年，从遗址出土的彩陶上有一些重复出现的简单符号，这些符号同流传下来的古代汉字有某些相同之处，很可能是古代汉字的前身。汉字也曾被我们的邻国如朝鲜、韩国、越南、日本借去记录他们的民族语言，至今，日本、韩国等国家的文字中依然能找到汉字的影子。

世界上的文字分为两大类：一类是表音文字，另一类是表意文字。汉字是表意体系的文字，具有超时空性。

成熟的汉字产生至今已有几千年历史，其形体不断发生演变，先后出现过八种各具特色的形体：甲骨文、金文、大篆、小篆、隶书、楷书、草书、行书。小篆是历史上第一次出现的规范化汉字，在汉字形体演变史上具有重大意义。隶书是古今文字的分水岭。楷书是最常使用的一种汉字形体。

一般地说，汉字有四种造字方法：象形、指事、会意、形声。有两种用字方法，即假借和转注。

形声造字法构造简便，有较高的能产性，所以在汉字发展史上其数量呈上升趋势。在汉字中，形声字占绝大多数。

因为汉字存在难读、难写、难记、难懂等不足，所以我们必须对汉字进行改革，以适应社会发展的需要。中华人民共和国成立以后，在汉字改革方面取得了很大的成效。

当前，语言文字工作的中心是促进语言文字的规范化、标准化。汉字的标准化要求人们对汉字进行"四定"，即定量、定形、定音、定序。1988年，国家语言文字工作委员会、国家新闻出版署发布《现代汉语通用字表》，收字 7000 个，这可以看作现代汉语通用的汉字。国家语言文字工作委员会、国家教育委员会发布了《现代汉语常用字表》，其中常用字 2500 个，次常用字 1000 个。

二、汉字规范使用

《中华人民共和国国家通用语言文字法》规定，"推行规范汉字"，只有使用规范汉字，才能充分发挥汉字的交际功能，更好地为现代化建设事业服务。

规范汉字指符合中华人民共和国成立后，国家有关部门发布的汉字整理方面的字表和权威字书中规定的汉字。有关部门发布的汉字整理方面的字表，主要有《简化字总表》《第一批异体字整理表》《现代汉语通用字表》。我们要推广运用国家已经批准使用的简化字。但是，我国实行对外开放以来，尤其是港澳回归后，大量台港澳及海外华文信息资料进入大陆，有的人开始不分对象，不根据需要而滥用繁体字。另外，社会上还存在乱造简化字、书写错别字的现象，这些行为影响汉字交际，有的还给工作带来了损失，难以满足当前社会主义建设事业的需要。文字工作者应该避免出现类似情况，严格使用规范汉字，掌握规范汉字具体做法如下：第一，认真学习《简化字总表》，不写不规范的简体字；第二，认真学习国家规定的《第一批异体字整理表》，掌握表中所选定的规范字，不用异体字（用于姓氏的异体字除外）；第三，不写错别字。这样，才能确保汉字的规范化，保证交流的正常进行。

第二节　汉语词汇与使用

一、汉语词汇常识

（一）词汇与词

词汇和词是两个不同的概念。词汇是一种语言里所有（或特定范围的）词和固定短语的总和；词是语言中能独立运用的最小的语言单位。从广义上说，一种语言只有一种词汇，词汇是词的集合体。词汇和词的关系是集体和个体的关系，好比树林和树的关系。我们可以说，汉语词汇、日语词汇等，还可以指某一个人或某一作品所用的词和固定短语的总和，如《鲁迅全集》的词汇。我们可以说"丰富"这个词，不能说"丰富"这个词汇。语言有它的物质外壳——语音，有建筑材料——词汇，没有建筑材料盖不了房子，同样没有词汇就不能造句子。对于一个人来讲，他掌握的词越多，词汇就越丰富，就越能表达自己的情感和思想。我们应该在日常生活中，有意识地积累和丰富自己的词汇量，向生活学习，在生活中自觉地收集、记录各种各样的词汇；同时还要大量阅读古代、现代和当代文学作品、理论文章和科技文献，从中吸收生动的语言营养；此外，还要多动手，即多写文章，通过写作，熟练地运用各种语言词汇，以达到熟能生巧的程度。

（二）词义及词义的构成

词义是词的意义，例如"人"的词义，是能够制造工具和使用工具进行劳动的高等动物。广义的词义包含"词汇意义"和"语法意义"。例如，"祖国"的词汇意义是自己的国家。词的语法意义是在语言里所承担的语法功能，即能充当什么句子成分，表示什么样的语法关系。例如，"祖国"一词是名词，在句中常作主语、宾语和定语；"或者"是连词，用于连接词、短语或句子，表示选择关系，但不能充当句子成分。词汇学讲的词义是指词汇意义，是狭义的词义。

词义是由理性义和附着在理性义上的色彩义构成的。

1. 理性义

词义中同表达概念有关的意义部分叫作词的理性意义或概念意义，反映了词的概念内容，是词的主要部分。例如，在《现代汉语词典》里，作为书写工具的笔，有毛笔、铅笔、钢笔、圆珠笔，它们的理性意义分别是：

笔：写字画图的用具。

毛笔：用羊毛、鼬毛等制成的笔。

铅笔：用石墨或加颜料的黏土做笔芯的笔。

钢笔：笔头用金属制成的笔。

圆珠笔：用油墨书写的一种笔，笔芯里装有油墨，笔尖是个小钢珠，油墨由钢珠四周漏下。

词的理性意义的作用在于它给词所联系的事物划定一个范围，凡是在这个范围里的事物都包括在理性意义之内，没有被划定在这个范围内的事物，则不属于这个词的理性意义之内。如上面所举的关于"笔"的例子，仅仅"笔"，其含义范围就很广，因为"凡是写字画图的工具"都可以包含在这个范围里，而毛笔、铅笔、钢笔和圆珠笔虽然都是笔，但其制作成分又各有不同，而从写字和画图的工具这点来看，它们具有笔的共同特点，但毛笔是"用羊毛、鼬毛等制成的笔"，而铅笔、钢笔和圆珠笔就进入不了这个范围。词典中所做的解释主要是词的理性意义。

2. 色彩义

词的理性意义虽然是词的主要部分，是实词中不可缺少的部分，但并不是全部内容。除理性意义之外，词还有附加在理性意义之上的色彩意义。词的色彩意义是人们在交际过程中产生的，和人们在使用中的感情、形象感来源有关系。词的色彩意义包括感情色彩、语体色彩、形象色彩。

（1）感情色彩：有些词表达了人们对客观事物的赞许、褒扬和贬斥的感情，这就是词的感情色彩。凡是具有褒扬色彩的词，我们通称为"褒义词"，这些词反映了人们正义、健康的感情。例如：

英雄 模范 敦实 安康 漂亮 和谐 道德 奉献 健康
大方 慷慨 诚信 正义 和平 体贴 关怀 幸福 壮丽

而有些词，表明人们对某些客观事物的反对、厌恶的感情，这就是词义中的贬义色彩，我们把这些词称为"贬义词"。这些词指出一些非正义、不正当的事物。例如：

走狗 流氓 倒爷儿 小人 马虎 巴结 虚伪 小气 沉沦
吹捧 懒惰 推诿 勾结 奉承 霸道 阴暗 叛徒 小偷

有些词，并不具有明显的褒义和贬义，我们称为"中性词"。例如：

个体 集体 理由 结论 工人 士兵 山脉 马匹 松树
手套 油轮 东方 上面 东西 跑步 苹果 房子 天空

但是，有些词原本是一些中性词，在构成句子或短语时也产生了褒义或贬义的感情色彩。例如，"不是玩意儿"中的"玩意儿"本来是中性词，但在这个句子里，却具有贬义色彩。又如："这块面包硬了点儿"，"硬"本来是中性词，但在这个句子中也具有贬义色彩。

（2）语体色彩：语体色彩指不同的词语在社会交际中运用在不同的语体中，因而具有不同的语体色彩。语体色彩又叫文体色彩，是指不同的词语适合于不同的社交场合或不同的文体，因而具有不同的色彩。例如：

投入 凝聚 机遇 信念 珍视 侵犯 腾飞 母亲 风貌

这些词因多用于书面语，比较庄重、典雅，有文采。

而口语色彩则比较自然、亲切、通俗、易懂。例如：

聊天 妈妈 今儿 牛犊子 哥们儿 藏猫儿 马驹子

在言语交际中，选择不同的语体色彩的词，能够表现出交际者的不同文化修养以及运用语言的不同特点。

（3）形象色彩：汉语中有些词具有形象色彩。这些词给人带来事物的形象感。具有形象色彩的词，其色彩除了表现在"形态"方面之外，还包括动态、颜色、声音等方面。例如：

①动态色彩：失足 上钩 乐颠颠 饮恨 雾里看花 碰碰车
②颜色色彩：红彤彤 金灿灿 黑乎乎 白茫茫 绿油油
③声音色彩：稀里哗啦 轰隆隆 叮咚 哇哇 呜呜

词的形象色彩往往在文学作品中得到很好的运用，增强了语言的形象感。不同的地域、阶层、行业、集团的习惯用语也都具有自己特殊的语言色彩。

（三）单义词、多义词

每个词都有一定的意义，根据义项的多少，可分为单义词和多义词。一个词只有一个义项，这个词就叫单义词。如果一个词同时存在两个或两个以上义项，这个词就叫多义词，也叫一词多义。例如，科学术语中的电子、元音、血压等，专有名词和常见事物的名称中的北京、黄山、老舍、桌子、期刊等，新生词中的下岗、大腕、走穴、股市等，这些都属于单义词。

多义词是随着社会的发展以及人的认识能力的深化,在交际中从单义词逐渐发展而来的,换言之,一个词从原来的一个义项发展为几个意义有联系的不同的义项。例如"打"这个词,就有几个义项:"打鼓"(击打)、"打毛衣"(编织)、"打旗"(举)、"打一把刀"(制造)、"打行李"(捆绑)、"打蜡"(涂抹)、"打洞"(凿开)、"打电话"(发出),等等。

多义词的大量存在是词汇丰富的一种表现,因为一个词每增加一个义项,等于产生一个新词,因而扩大了它的使用范围。这样比增加新词更为经济便利。虽然多义词有互相联系的几个意义,但是对语境的依赖性很强,在一定的语境中只有一个意义,一般不会产生歧义。

多义词有互相联系的几个意义,但这几个意义的地位并不平等,其中必然有一个意义是基本的、常用的,这个意义就叫基本义。但是,基本义并不都是词源学上说的词的原始意义。例如:"兵"的原始意义是"武器",基本义是"战士"。当然,绝大部分多义词的基本义和原始义是一致的。词的其他意义是由基本义直接或间接转化而来的,称为转义。多义词的转义主要是通过引申和比喻两种方法产生的。由基本义直接发展引申出的意义叫引申义。凡由基本义通过比喻的方法产生的新义叫比喻义。例如,"放":

基本义:解除束缚——把俘虏放回去

引申义:发出——放冷箭

扩张——把图放大了一倍

搁置——把手头上的事先放一放

再如,"近视":

基本义:视力缺陷——灯光太暗,眼睛容易近视。

比喻义:目光短浅——他不重视前途,眼光太近视了。

又如,"堡垒":

基本义:防御敌人进攻的坚固建筑物。

比喻义:比喻难以攻破的事物——我们要向科学的堡垒进军。

有些词的比喻义比基本义的使用率还高,如包袱、堡垒等。由于多义词一词多义,在辨别的时候,一定要考虑上下文的意思,并且联系具体的语境来把握该词在特定句子中的特定意义。这是正确选择和使用词汇的必要途径。多义词是一个词包含两个或两个以上的意义,但几个意义之间有联系。我们要把多义词和同音词区别开。同音词分为两类:一类是同音异形词,如"青—轻—清—氢";另一类是同音同形词,如"别""别来了""胸前别上花""别了,朋友",这个"别"有几个不同的意义,但意义之间没有联系,属于同音词。多义词和同音异形词比较好区分,一目了然,多义词与同音同形词书写形式相同,特别容易混淆,要认真区分。从意义上看,多义词的各个意义之间彼此存在相似或相关的联系,而同音同形词的意义之间则毫不相干。从理论上讲,同音同形词是多词多义,而多义词是一词多义,这点必须注意。以"花"为例:

①买了一束花（供观赏的植物）
②这布太花了点儿（颜色错杂）
③花了三元钱（用掉）
④"小李广"花荣（姓）

例①、例②中的"花"是多义词。例①是"花"的基本义，例②是"花"的引申义，同花的基本义有联系。例③、例④"用掉"和"姓"没有意义上的联系，是同音词。

(四) 同义词

意义相同或相近的一组词叫同义词。同义词可分为等义词和近义词两种。

1. 等义词

这类词不论从哪一方面来看，意义都相同，在语言中通常可以互换。例如：

自行车——单车、玉米——棒子、青霉素——盘尼西林、太阳——日头，等等。

这些等义词在语言运用中没有什么积极作用，只能增加人们的学习负担，是词汇规范的对象。

2. 近义词

意义相近的一组词叫近义词。例如：

愤怒——愤慨、思念——怀念、改进——改造、充分——充满、渴望——希望、交换——交流、激烈——猛烈、简单——简略、商量——商榷。

这类同义词意义不完全相同，有细微的差别，一般所说的同义词主要是指这类同义词。这类同义词在语言中大量存在，在语言交际中有其积极的作用。在现代汉语中，表示同一事物、同一概念，往往有几个甚至十几个、几十个同义词。精心选择同义词对于增强语言的表达效果，无疑具有积极的作用。具体表现在：①使语言的表达精确严密。比如，同样是表示"看"这个动作的词有：看、瞧、睹、望、瞟、眺望、瞭望、瞻、瞻仰、仰视、鸟瞰、张望、环视，等等。这些"看"的同义词，表示往远看、向上看、向下看等细微的差别。②使语体风格更加鲜明突出。例如，公文语体所用的词"此致""特此""兹""莅临"等，就显得既庄重，又得体。③使文句生动活泼，富于变化。例如："我们以我们的祖国有这样的英雄而骄傲，我们以生在这个英雄的国度而自豪。"（魏巍《谁是最可爱的人》）

选择不同色彩的同义词，可以表达一种委婉的语气。例如，不说"犯罪青年"而说"失足青年"；不说"落后"而说"后进"；不说"受伤"而说"挂彩"，等等。

同义词连用可以加强语势，不是一般意义上的简单重复，而是达到修辞上强调的目的。例如：

你看那毛竹做的扁担，多么坚韧，多么结实，再重的担子也挑得起。（袁鹰《井冈翠竹》）

另外，不少成语是通过两个同义词拆散连用、交叉搭配构成的，例如：

家喻户晓 千方百计 流言蜚语 花言巧语 七嘴八舌

同义词在语言表达中有积极的作用，但要想用好就必须对同义词进行辨析，找出其细微差别。同义词的辨析主要从理性意义、色彩意义、词性和用法这三个方面进行。

理性意义的辨析包括：①意义的轻重，如"优秀"和"优异"都有"好"的意思，但"优异"的程度要比"优秀"更重一些。②范围的大小，如"时代"和"时期"都是指社会和人生发展的某一阶段，但"时代"所指的时间长，而"时期"所指的时间可长可短。③个体与集体不同，也可以说具体与概括不同，如"树"和"树木"，都是指木本植物的通称，但是"树木"是指集体，而"树"是指个体。④搭配对象不同，如"关心"和"关怀"都表示给予关注，但"关心"的范围很广，不光是指人，也可以指事物；既可以是别人，也可以是自己；既可以对上，也可以对下。"关怀"的对象是有限的，它只能是对别人，不能对自己，并且一般只能用于上对下。

色彩意义的辨析主要包括：①感情色彩不同，如"果断"和"武断"，有褒义和贬义的区别，"荣誉"与"名誉"，有褒义与中性的区别。②语体色彩不同，包括书面语色彩和口语色彩，如"母亲""妈妈"，前者用于庄重的场合，有书面语色彩，后者适用于一般场合，有通俗的口语色彩。③词性不同，如"突然"和"忽然"，都有动作变化快、出人意料的意思，都可以作状语，如"他突然转过身来""他忽然转过身来"。但是"突然"还可以作谓语、定语、宾语，如"情况很突然""突然事件""感到突然"，而"忽然"只能作状语。因此，一般认为"突然"是形容词，"忽然"则是副词。

同义词之间的细微差别表现在各方面，有的是错综交织在一起的。例如"铲除、根除、拔除"都有"使除掉"的意思，但它们在词义上既有轻重的不同，也有用法的不同，还各有不同的搭配对象。同义词的差别是客观存在的，要想准确地运用同义词，就得分辨清楚同义词之间的差别，否则很容易出现用词不当的错误。

（五）反义词

意义相反或相对的一组词叫反义词。例如：上——下、前进——倒退、成功——失败、有——无、光明——黑暗、冷——热，等等。反义词是针对词与词的关系来说的，而不是指词与短语的关系。例如："干净"和"不干净"、"好"和"不好"等虽然构成了反义关系，但不是反义词，因为这是词和短语。构成反义词的两个词必须属于同一意义范畴，如"快"和"慢"都是速度的范畴，这是反义词。

反义词分两类：一类是绝对反义词，这类反义词意义绝对相反，肯定甲，必否定乙，肯定乙，必否定甲，两者中间不容许有非乙非甲的第三种意义存在。例如：生——死、动——静、男——女，等等。另一类是相对反义词，这类反义词肯定甲，就否定乙，肯定乙，就否定甲，但否定甲，就不一定是肯定乙，否定乙，也不一定肯定甲。因为还有丙、丁等其他意义存在的可能。例如：软——硬、白——黑、大——小，等等。

由于词义中有多义词和同义词，因而一个多义词往往有几个反义词。例如："深"，衣服颜色深——衣服颜色淡、井深——井浅、这本书内容深——这本书内容浅显、友谊深厚——友谊淡薄。

二、现代汉语词汇的组成

根据内部成员的地位和作用不同，词汇可分为基本词汇和一般词汇。

（一）基本词汇

词汇中最主要的部分是基本词汇。基本词汇是全民族必需的，意义最明确的，使用频率最高的，它和语法一起构成语言的基础。例如：表示自然界事物的水、火、雷、电、花、草、天、地等；表示人体各部分的心、头、手、脚、耳、鼻、口、牙等；表示生产和生活资料的米、油、车、船、房屋、门窗、蔬菜、刀、笔等；表示亲属关系的爷爷、奶奶、妈妈、爸爸、丈夫、妻子、弟弟、妹妹等；表示人和事物行为变化的跑、跳、说、笑、学习、发展、写、画等；表示人和事物性质状态的大、小、好、坏、美丽、快乐、甜、苦等；表示人称和代称的你、我、他（她）、这、那、每、谁、什么、哪儿等。另外，还有表示时间方位的、数量的、程度范围的、关联语气的词，等等。

基本词汇为全民族、全体成员经常使用，因为不能轻易变动，人们经常用它作为构成新词的基础。所以，基本词汇具有稳固性、能产性、全民常用性的特点。但应该注意的是，这三个特点是就基本词汇的整体来说的，不是所有的基本词都具备这三个特点。

（二）一般词汇

语言中基本词汇以外的词汇是一般词汇，一般词汇中的词叫一般词。一般词的数量要比基本词多得多，它虽然没有基本词汇那样的稳固性，但却有很大的灵活性。一般词汇随着社会的发展是经常变动的。社会的发展变化在语言中首先反映在一般词汇上。新词总是先进入一般词汇，在语言发展过程中又逐渐取得基本词的性质，转为基本词。一般词汇中包括新词、古语词、方言词、外来词、行业语、隐语等。

三、常见的用词错误

运用词语必须注意规范化的问题，主要是准确理解词语的意义和掌握词语的用法，做到准确无误地表达，这样才能使词语的使用做到正确规范。常见的用词错误主要包括以下几种：

（一）生造词语

随着时代的变迁，一些旧词逐渐消亡，新词不断出现，这是正常现象，但新词的产生必须符合约定俗成的客观规律，必须得到全民的认可。但是，有的人"标新立异"，出自个人的意愿，随意生造词语，从而造成不好的影响。例如："人们都到商店去买自己满意的货品。"句中的"货品"好像是"货物"和"产品"的任意缩减，让人很难理解到底是什么意思，这无疑属于生造词语。又如："在 20 世纪 90 年代，便有了《中国可以说不》《妖魔化中国的背后》等一系列作品排发而出。"句中的"排发"一词既不是出版术语，又不是人们公认的新词，使人很难理解是什么意思。还有人把"七上八下"写成"七下八上",把"游泳技术"写成"泳术",把"赶潮流的人"写成"潮人",把"思忖"写成"忖思",这些均属于生造词语。

(二)望文生义

从字面上看,汉语中有些词语其意义和实际意义并不相符,假如不仔细辨析,很容易将其混淆。例如,"祸起萧墙"中的"萧墙"一词,有人以为是"破墙"的意思,所以写为"萧墙里是倒塌的房屋,萧墙外是逃荒的灾民",这样理解就闹出了笑话。其实,"萧墙"本指古代宫室内作为屏障的矮墙,后借指内部。还有成语"不刊之论",本来指正确的、不能修改的言论,"刊"在这里是修改和删除的意思,结果被理解成"不能刊载的言论",这和原意截然不同。

(三)割裂词语

在汉语中,合成词有一个很重要的特点,就是有相对固定的结构形式,一般情况下不能插入其他成分,虽然有离合词,但数量很少,不能类推。有的人不了解合成词的这个特点,时常将词型割裂开来。例如:将"汇报"写成"汇了一次报"、把"参观"写成"参了一次观"、将"小心"写成"小点儿心",等等。

(四)爱憎不分

在汉语中有些词语的意思虽然相近,但其感情色彩不相同,如果用得不好,就会出现某些爱憎不分的情况。例如:"敌人付出了很大牺牲,才占领了一小块阵地。""牺牲"是褒义词,用在敌人身上很不合适。又如:"这本思想内容很健康的新书终于出笼了。""出笼"是贬义词,不能用在正面事物上,既然是一本好书出版了,就不能用"出笼"来形容。

(五)词义不当

词义不当主要有大词小用和逻辑混乱两种情况。例如:"特大喜讯:本店降价出售一批短裤,售完为止。"商店为了增加其利润,不惜夸大其词,令人难以置信。又如:"在这次建校活动中,一班同学建立了很大的功勋。"这样不分场合和地点,不讲究条件、分寸,把一个很严肃的词"功勋"用在了一般事物上。再如:"这两个同志闹别扭了,在支部的调解下,经过磋商,和好了。""磋商"一词用于两个团体或两个单位之间对某些重大问题的商榷,用在这里分明是大词小用。

四、熟语

熟语又称为习惯用语,它是人们常用的已经固定化了的某些短语,也是一种特殊的词汇单位。由于熟语的性质和作用相当于词,人们在运用它的时候,就像运用词一样,所以又把它当成一个语言单位来使用。

熟语中包括成语、惯用语、歇后语等,其中成语的使用最普遍。成语有意义的整体性、结构凝固性的特点。成语言简意赅,恰当地使用成语,可以使言语简洁。反义成语的对比使用，可以形成鲜明的对照，增强语言表达效果。但是，我们要恰当地使用成语：第一，不要看成语的字面意义，要弄清成语的实际意义；第二，成语是凝固结构，一般应该沿用原型，不能随意变换和增减其中的成分；第三，成语有其确定的字形和读音，要分辨清楚，不能写错读错。

五、词汇的发展变化及其规范化

（一）词汇的发展变化

词汇的发展变化主要表现在：新词的产生、旧词的逐渐消失和变化、词义的扩大、词义的缩小和词义的转移。

随着社会的不断发展进步以及人类实践领域的不断扩大，词汇也在不断发展。新事物不断出现，人们的新认识不断形成，都要求有相应的词来指称，于是新词就随之产生了。旧事物和旧观念的消失，标志着它们的词语也逐渐地退出交际舞台。随着认识的加深和观念的转变，人们利用旧词指称新认识、新事物，因而许多词的意义发生转移，出现了深化现象，义项增多，一些旧词又被使用起来。语言内部的变化发展也是词汇发展的重要原因之一。

（二）词汇的规范化

词汇使用规范化的主要目的是使祖国的语言健康发展，使人们的交流更流畅，信息传播的效率更快更高。词汇的规范化必须考虑三个原则：一是必要性，二是普遍性，三是明确性。

词汇的规范化主要包括以下几个方面：①方言词的规范。普通话的词汇是在北方方言词的基础上发展起来的，包括汉民族共同使用的和逐渐发展为共同使用的词。近百年来，很多基础方言和非基础方言进入普通话，丰富了普通话的词汇，但也造成了很多分歧和混乱。我们要本着必要、普遍、明确三原则，对那些已进入普通话的方言予以保留，但对某些地方色彩太浓的方言，除必要的情况下，要谨慎地加以对待，不能滥用方言，如把"公鸡"写成"鸡公"，等等。②外来词的规范。凡能用汉语表达的一般不要再用外来语，如"连衣裙"不要用"布拉吉"，等等。除了国名、人名、地名之外，一般都要采用意译的方式翻译，如用"激光"不用"雷射"，用"话筒"不用"麦克风"，等等。③古语词的规范。古语词的吸收是丰富现代汉语词汇的一个重要途径，但必须根据实际表达和特殊场合的需要而选用有表现力的词语，如"瞻仰""谒见"等，不要吸收那些已经失去生命力的词语，如"衔泣""滥觞"等。对于新词，主要从满足交际的需要出发，凡是意义含混不清、结构不符合汉语构词习惯的、硬造和生造的"新词"，尽量不要使其流通。例如，"刚开始"写成"刚始"，"疲劳"写成"疲累"等，都要加以规范。

第三节　汉语语法常识

语法是词、短语、句子等语言单位的结构规律。在现代汉语中，语素、词、短语、句子是语言的四级语法单位。语素怎样组合成各种结构的词，词怎样组合成各种短语，短语和词怎样构成各种句子，其中都存在一定的规律。"语法"有两种含义：一种是指语言中客观存在的语法事实、语法规律本身；另一种是指语言学家对语言事实的分析研究，从中概括总结出来的语法学体系和理论，表现为语法学和语法书。

一、词类的划分

词可以从不同的角度分类。词类是词的语法性质的分类，分类的依据是词的语法功能、形态和意义，主要是词的语法功能。形态变化只能作为次要标准。词的意义只能作为词类划分的参考标准。

根据词的语法功能，我们把词分为实词和虚词两大类。实词有词汇意义，能独立充当句子成分。虚词没有词汇意义，有语法意义，不能独立充当句子成分。实词分为名词、动词、形容词、代词、数词、量词、副词、拟声词、叹词。虚词分为介词、连词、助词、语气词。每一类词都有它不同的语法特征。比如：名词经常作主语和宾语，能和数量词组合，不能和副词组合，能用在介词的后边组成介词短语，名词不能重叠；动词能同副词组合，大多数不能同程度副词结合，表心理活动的动词和表意愿的动词前面可用程度副词修饰，动词多数能带宾语，动词后边一般可以带"了""着""过"等助词。一部分动词可以重叠，动词经常作谓语；大部分形容词能同程度副词组合，但雪白、通红、笔直、绿油油等形容词前面不能加程度副词，形容词不能带宾语，绝大多数形容词能直接充当谓语。

二、实词的误用

了解词的分类和词的语法特征，主要是为了清楚地了解词的用法，避免词的误用。词类误用大多数是由于没有掌握词的用法而造成的。

（一）名词、形容词、动词的误用举例

（1）"我在工厂、农村见闻了许多新人新事。"句中的"见闻"是名词，在这里误用为动词。

（2）"他散布种种捏造。"句中的"捏造"是动词，被误用为名词。

（3）"这本书厚，那本书薄，两本书悬殊了几百页。"句中的"悬殊"是形容词，在这里误用为动词。

（4）"小刚和小明参加数学竞赛，小刚比其他人很优势，最终获得了第一名。"句中的"优势"是名词，在这里误用为形容词。

(5)"他不但对文学艺术感兴趣,而且对自然科学也很钻研。"句中的"钻研"不是表示意愿、心理活动的动词,因此不能用副词"很"修饰。这个句子可改为"而且对自然科学也很有研究"。

(二)数词、量词的误用举例

(1)这个炼钢车间,由十天开一炉变为五天开一炉,时间缩短了一倍。

因为数目的减少不能用倍数,只有数目的增加才能用倍数,所以应把"一倍"改为"一半"或"二分之一"。

(2)这个人大约四十岁左右。

句中的"大约"和"左右"重复,使用概数要防止重复或矛盾。又如"近二百多个学生"中的"近"和"多"重复。

(3)公共汽车的票价是:四站以下两块钱,四站以上四块钱。

句中的"以上"和"以下"划界不清。平时在语言运用中有时会出现这样的误用,应引起注意。

(4)观察以下例句:

①这学期他二门功课都考了一百分。

②今天他们俩个一起去锻炼。

在例①中,"二门功课"应改为"两门功课"。"二"和"两"的意义相同,但用法习惯有差别,当单独用在度量衡量词前时,除"二两"不能用"两两"外,用"二"用"两"都可以。如"二斤""两斤",但单独用在其他量词前就只能用"两"而不能用"二",如"两个"不能说"二个"(在"位"前,"二"和"两"都可以用)。例②中"俩"是"两个"的意思,后面不能再同量词"个"组合,应把"俩"改成"两"。如"我俩"不能说成"我俩个","姐俩"不能说成"姐俩个"。

(5)观察以下例句:

①目前,日本约有三万台机器人,……机器人多用于汽车装配、炼铁、搬运、冲压、喷漆等工种。

②他家在村子的南边,面对一幢小山。

例①中因为是机器人,应把"台"改为"个"。例②中因为是山,应把"幢"改为"座"。什么样的名词使用什么样的量词,在现代汉语普通话中有约定俗成的要求。

(三)副词的误用举例

(1)新来的校长跟老校长一样,更会体贴老师。

应把"更"改为"很",因为"更"表示程度进一步增加,用于程度比较,两个校长既然一样,就不能用"更"。

(2)李明经常缺课,今天没来不是偶尔的。

句中"偶尔"是副词,应该改为形容词"偶然",形容词和副词都能作状语,常常有误用的情况。

(3) 小丽劳动很卖力气,咱厂的人没有一个不说她劳动不积极的。

这是多重否定的误用,双重否定表示肯定,三重否定还是表示否定。运用多重否定时,稍不留心就会把话说反。例(3)的意思正好和原意相反,应去掉最后一个"不"。

(四) 代词的误用举例

(1) 人称代词"我""你""他""她"后面加上"们"表示复数和群体概念。

男性群体用"他们"表示,女性群体用"她们"表示,男女兼有的群体,都用"他们"来表示,而不应该用"他(她)们"来表示。

(2)"我们"和"咱们"在用法上有一定的区别,"咱们"包括说话人和听话人双方,"我们"和"咱们"在同一场合出现时,"我们"只包括说话人一方的群体,排除听话人的一方。例如:"我们走了,咱们再见吧。"如果只用"我们"时,只包括说话人一方的群体,也可以用于包括说话人和听话人双方。

代词也有使用不当的情况,一种是指代不明。例如:①"那位瘦瘦的女看守看来也奇怪,她似乎很听这位女人的话,她支使她,不论什么事她差不多都能瞒过其他警卫和看守照着去办。"②"从延安路到胜利桥只有六七里,胜利桥到红旗路只有七八里,这段距离并不远。"

例①中的第二个"她"是指"女看守"还是"这位女人"不明确,从全句看,是指"这位女人",应把第二个"她"改为"这位女人",使"她"专指"女看守"。例②中的"这段"指代不明确,应按实际情况予以改正。

三、虚词的误用

(一) 介词的误用举例

"对于、对"都用来表示对象,但"对"的使用范围比"对于"宽。

(1) 表示人与人的关系时,只能用"对",不能用"对于",如"他对于我很关心",应为"他对我很关心"。

(2)"对"能够用于指示动作的对象,相当于"朝""向","对于"是没有这个功能的,如"小李对我很有好感"不能说成"小李对于我很有好感"。

(3)"对"可以用在能愿动词或副词的前后,而"对于"只能用于能愿动词和副词的前面。例如:"我们会对这件事做出交代的""全班都对这样做有意见",这两个例句中,一个将"对"用在"会"之后,一个用在"都"之后。假如改用"对于",前一句应改为"我们对于这件事会做出交代的",后一句改为"全班对于这样做都有意见"。

介词"在",经常跟方位词"上、中、下"构成介词短语,表示动作、行为的时间、处所、方位、条件或范围等。"在……上""在……下"中间插的应该是名词或名词性短语,一般不能插入谓词性短语。"在……上"中间也可以插入兼名词的动词表示范围,但不能插入动宾短语,如可以说"在学习上",但不能说"在学习汉语上"。"在……下"中间不能插入主谓短语。

(二) 连词的误用举例

凡是连接词、短语、分句和句子的词都称为连词。它主要分为两大类：一是表示联合关系的连词，如和、跟、与、同、及、以及、而、并、不但、而且等；二是表示偏正关系的连词，如虽然、但、但是、可是、然而、即使、如果、那么、因为、所以、因此、无论等。

（1）连词"和"在连接并列关系的句子成分时，一定要分清层次，否则会造成层次不清。例如："校长和老师和同学一起去博物馆去参观。"两个"和"不能连用，第一个"和"应改成"、"号。

（2）或（或者）："或（或者）同"和"极易弄混，"或"表示选择，或A或B，多项选一；"和"表示联合，两项或几项兼有，不了解这点，就会出现错误。例如："啤酒是沈阳市或大连市的产品。"句中的"市"和"市"不是选择关系，应把"或"改为"和"。

（3）及其："及"是连词，"其"是代词，"及其"就是"和他（们）的"的意思。有时不注意，会出现使用不当的情况。例如："前不久，我和妈妈及其几个邻居阿姨们都去旅游了。"句中的"及其"应改为"以及"。

（4）还是："还是"和"或者"都表示选择，用在"无论、不管"一类词后。两者可以交换。例如："不管他还是我，都不能忘记这件事。"句中的"还是"可以换成"或者"。"还是"可以用于疑问句中，"或者"不可以。例如："辩证法，或者哲学？"句中的"或者"应为"还是"。又如："他到底想去北京，或者去广州？"句中的"或者"应为"还是"。

（5）而："而"最常见的格式是"为……而……"，表示动作的目的。例如："从那以后，我爱上了记者这一行，并且作为一名人民记者而自豪。"句中把"作为……"和"为……而……"混用，使意思不清，可以保留"而"，把"作为"改为"为自己成了"。"而"字连接动作表示结果，前面要跟"因、由于"等介词搭配，否则其因果关系不明确。例如："他怕被追究责任而不举报，被开除出党。"句中应在"怕"前面加"因为"或"因"字。

(三) 助词的误用举例

（1）的、地、得：这三个字都是结构助词，的、地、得分别是定语、状语、补语的标志。了解和掌握这三个助词的用法，目的是增强语言的准确性，避免出现歧义，更好地进行交流。例如："这件事儿办的不太好。"句中的"不太好"是补语，应该用作为补语的"得"。又如："全报社的同志对这个问题进行了深入地讨论。"句中的"进行"是准谓宾动词，宾语不是状中短语，而是定中短语，应把"地"换成"的"。再如："她高兴得说：'好，就这样吧！'"句子中的"高兴"是状语，应把"得"改为"地"。

（2）着：表示动作正在进行或状态正在继续，否则不能用"着"字。例如："我们都希望着这件事能朝好的方向发展。"动词"希望"本身就含有持续的意思，所以不用

"着"字。把句中的"着"字去掉就行。又如:"单位给我们每个人一张银联卡,这说明着领导对我们是多么关心啊!"句中"说明"作为补充式动词,没有必要加"着"。

(3) 了:"了"是表示实现的动态助词,有时使用不恰当,容易同其他词发生冲突。例如:"广大农村正在掀起了科学种田的新高潮。"句中"了"与"正在"的意思冲突,应把"了"删去,或者把"正在"删去。

此外,一些语气词的使用也要规范,如"啊"不能写成"哦、阿、呵",也不能把"吧"写成"罢、巴"等。

四、短语

短语是由两个或两个以上的词按一定的语法规则组成的没有句调的语言单位。词和词的组合在意义、语法上都能搭配。有的是实词和实词的组合,有的是实词与虚词的组合。

(一) 短语的结构类型

1. 主谓短语

由两部分组成,前一部分是陈述的对象,后一部分是对前一部分的陈述。例如:"大家开会""阳光灿烂""今天星期一""成绩好"。

2. 动宾短语

由动语和宾语两部分组成,动语在前,宾语在后,动宾之间是支配和关涉的关系。例如:"保卫祖国""听讲座""祝贺大家""接受批评"等。

3. 定中短语

由定语和名词性中心语两部分组成,其间是修饰和限制的关系。例如:"我的祖国""东北大米""野生动物""良好的作风"等。

4. 状中短语

由状语和动词或形容词作中心语两部分组成,其间有修饰和限制的关系。例如:"立刻回来""认真讨论""一句一句地说""共同完成"等。

5. 中补短语

由中心语和补语两部分组成,补语在中心语的后面,补充、说明前面的中心语。例如:"说得好""好极了""买了一次""看到深夜"等。

6. 联合短语

由两个或几个词性相同、语法地位平等的部分组成,各部分之间有并列、承接、选择、递进等关系。例如:"老师同学""北京还是上海""光荣而伟大""讨论并通过"等。

7. 同位短语

由两个或几个部分组成,各部分的词语不同,但所指相同,共作一个成分。例如:"总理周恩来""我们大家""首都北京""'红'这个字"等。

8. 方位短语

由方位词直接附着在名词性或动词性词语后面组成。例如："大门外""同学之间""搬迁后""校门前边"等。

9. 量词短语

由数词或指示代词加上量词组成。数词加量词组成的短语叫数量短语，指示代词加量词组成的短语叫指量短语，统称量词短语。例如："五条""九公里""三次""这十章"等。

10. 联谓短语

两个或两个以上的谓词性词语连用，谓词性成分之间没有语音停顿和关联词语，也没有主谓、述宾、中补、定中、状中、联合等关系。例如："去书店买书""坐下谈话""听了很高兴""看着心烦"等。

11. 兼语短语

由前一个动词的宾语兼作后一个谓词的主语，即动宾短语的宾语和主谓短语的主语套叠，形成一个宾语兼主语的兼语。有兼语的短语叫兼语短语。兼语前的动词大多有使令或促成的意义。例如："请你过来""让你去上海""有人敲门"等。

12. 双宾短语

由两部分组成，前面部分是表示给予或索取意义的动词，后面部分两个宾语，一个是间接宾语即近宾，一个是直接宾语即远宾，两个宾语之间没有联合和偏正关系。例如："教我汉语""告诉你一个好消息""请教老师两个问题""借他五十块钱"等。

13. 介词短语

由介词附着在名词等前面组成。介词短语可以作状语。修饰谓词，用来标明动作的工具、方式、因果、施事、受事、对象等多种语义。例如："用大杯喝水""比从前好得多""对于我们""关于这件事"等。

14. "的"字短语

由结构助词"的"附着在词或短语的后面组成指称人和事物的短语，属于名词性短语。例如："教书的""开汽车的""吃的""大的"等。

15. "所"字短语

由结构助词"所"附着在动词前面组成，是名词性短语。例如："所发明""所创造""所想""所做"等。

16. 比况短语

由比况助词附着在词语后边组成，表比喻，属于形容词性短语。例如："兄弟般""触电一样""孩子似的""木头似的"等。

（二）短语的功能类型

短语的功能主要有两个方面：一是在句子中充当语言成分，二是加上语调独立成句。短语的功能是由它跟别的词语组合时能充当什么句子成分，相当于哪类词所决定的。凡是能够作主语、宾语，功能相当于名词的，叫名词性短语，通常以名词为中心语；能作谓语，功能相当于谓词的，叫谓语性短语，大多以动词、形容词为中心语。在这两个类别中，还可以包括若干小的结构型，大体如下：

联合短语（名词性成分）	联合短语（谓词性成分）
偏正短语（定中结构）	偏正短语（状中结构）
同位短语	述中短语
方位短语	中补短语
量词短语（名量结构）	连谓结构
"的"字结构	兼语结构
"所"字结构	比况结构

（三）多义短语

和词的多义性一样，短语也具有多义现象，有些形式相同可能会有两种或两种以上的意义，即出现了同形异义的现象，这种短语称为多义短语。例如，"学习材料"就有两种理解：一是学习文件的必要性；二是学习文件的种类。又如"鸡不吃了"这个短语，就可能被理解为鸡是受事者，是被吃的对象；又可以理解为鸡是施事者，是说鸡不再吃食了。短语的多义性不仅在简单短语里有，有些复杂短语也存在多义现象。例如"热爱人民的军队"，可以理解为"军队是热爱人民的"，也可以理解为"人民热爱军队"。多义短语的情况比上面所说的还要复杂，但有些在上下文语境中可以消除多义，即由多义变成单义。多义短语在语境中如果不能排除多义性，就会产生歧义。歧义属于语病，在交际中容易使人产生误解。因此，这是必须避免的。

消除歧义的办法很多，但主要有以下几种：

一是适当增加词语，或者换用表义清晰的词语。如"一个报社的记者"，假如指的是某个报社的全体记者，可以把句中的"一"字换成"整"字；假如指的是报社里的某个记者，就可以把句子中的"个"改成"位"。又如："三个学校的学生"，如果是指"三个学校"，就把"个"改为"所"；如果是三个学生，可以把"三个"放到"学生"的前面，改为"学校的三个学生"。

二是改变词组结构。例如："不恰当地管理员工"，如果说的是一种管理方式，就可以改为"管理员工不恰当"，使谓语陈述主语如何；如果是指管理的程度，那就改成"没有恰当地管理员工"，这样就由状语结构变成了以"没有"为述语的述宾结构了。又如"东西送去了"，可以理解成"东西已经送去了"，这样就可以变成"把"字句，说成"把东西送去了"；如果还没去而正在送去，就改成"去送东西了"，这是连动结构，强调了行为的动作性。

三是把长句改成几个短的分句，同时调整全句的顺序，使意思表达得更清晰、更明白。例如："才上小学的小明的妹妹小英就承担起照顾残疾哥哥的任务"，可以改成"小明的妹妹小英，才上小学，就开始照顾残疾的哥哥"。四是在句子里适当地增加一些词语，防止歧义的出现。例如："进口电视机"，既可以理解成"已经进口的电视机"，也可以理解成"想进口一些电视机"，我们可以分别改成"进口一些电视机"或"进口的电视机"。

四是调整语（词）的顺序。例如"一个报社的记者"，如果是指人数的话，就可以改成"报社的一位记者"。又如"两个同志买的西瓜"，假如同样指的是数量，也可以改成"同志买的两个西瓜"。语（词）调整以后，领属关系发生了变化，消除了歧义，意思也就表达清楚了。

五、句子

句子是具有一定的句调，能够表示相对完整的意思的语言单位。词和短语是造句的备用单位，一部分词加上句调可以单独成句，成为独立句。例如："那是什么？""飞机！""谁去开会讨论？""他。"本来"飞机""他"都是词，但是，加上句调就成为句子了。大多数短语加上句调可以成为句子，如"谁是最可爱的人"，将其加上句调，就变成了句子"谁是最可爱的人？"，如果没有句调，再长的语言单位也不能成句。句子分单句和复句。句子可以根据不同的标准来分类，根据句子的语气划分的叫句类。

在主谓句的动词性谓语句里还有几个特殊的句式：把字句、被字句、兼语句、连谓句、双宾句、存在句等。这里只介绍把字句和被字句。

（一）把字句

把字句是指在谓语动词前面用介词"把"引出受事、对受事加以处置的一种主动句。把字句共有四个特点：一是在动词前面和后面总是有其他成分，动词不能单独出现，特别是不能出现单音节动词。通常后面有补语、宾语、动态助词，起码要有动词的重叠式。例如："把杯子放到桌子上。""把书的封面写上名字。""把那把门钥匙带着。"有时也可以在动词前面加上状语。例如："别把那把门钥匙带着。"假如动词前面的是动补型双音节词，就可以单独出现。例如："不能把孩子丢下。"二是"把"的宾语在意念上，通常有固定的、已知的人和事物，因此其前面会带上"这、那"一类的修饰语。例如："把这本书带上。"三是谓语动词通常都有处置性，就是动词对受事者有积极的影响。因此，不及物动词、能愿动词、判断动词、趋向动词以及"有、没有"等不能用来作谓语动词。在把字句里，没有经过处置的动词比较少见。例如："只把封面看了一遍。"四是"把"字句短语和动词之间，通常不能加能愿动词、否定词，它们只能放在"把"字的前面。例如："作者把要求改正文章中某些错误的信件，没有寄给编辑部，而寄给某同志。"句中"没有"应该放在"把"字前边。又如："我把青春愿意献给新闻事业。"句中能愿动词"愿意"应该放在"把"字前边。

（二）被字句

被字句是指在谓语动词前面，用介词"被"（给、叫、让）引出施事或单用"被"的被动句，它是受事主语的一种。使用被字句要注意以下三个问题：

一是动词一般都有处置性，动词后面多有补语或别的成分。假如要用一个双音节动词，它的前面就要有能愿动词、时间词语等状语。例如："这样说容易被人接受。"

二是主语所表示的受事必须是有限定的，假如没有特定的语境，就不能说"一个人被他撞了"，应该说"这个人被他撞了"。

三是能愿动词和表否定、时间等的副词只能置于"被"字前。例如："全部车票都被报销了""这个内部信息已经被人给捅出去了"等。

（三）常式句、变式句

句子中各个成分处于通常的位置叫常式句。变式句是相对常式句而言的，它颠倒了原来句子的语序，也叫倒装句。倒装句主要是为了强调和突出语用目的。例如：

祖国的春天，多美丽呀！（常式句）

多美丽呀，祖国的春天！（变式句）

常见的变式句分为以下几种：

1. 主谓倒置

主语在前，谓语在后，这是一般常式句的语序。有时也会把谓语放到主语前面，这往往是为了强调谓语或因为紧急情况先把重点说出来。例如：

怒吼吧，黄河！

起来，饥寒交迫的奴隶！

掉下来了，石头！

2. 定语、状语后置

定语、状语在中心语的前面是正常语序，有时把定语、状语放在中心语的后面。例如：

河塘四周，长着许多树，蓊蓊郁郁的。（定语后置）

海边有许多好看的石子儿，红的、白的、粉的。（定语后置）

我要写下我的悲哀，为子君，为自己。（状语后置）

全国各地的学生考入北京大学，从上海，从广州，从新疆等地。（状语后置）

（四）句子的变换

句子的变换主要是根据表义的需要，依据一定的规则，把一种句子换成另外一种句子。句子的变化通常包括以下几种：

1. 句类之间的变换

例如：他上班去了。（陈述句）

他上班去了吗？（疑问句）

对陈述句所表述的意思提出疑问，既可以把陈述的语调上升，也可以在陈述句后面加上"吗"，使其变成疑问句。

小明哪儿也不去。（陈述句）

小明哪儿也不去吗？（是非问句）

小明哪儿也不去呢？（反诘问句）

上述句子中使语调上升或者加上"吗""呢"都可以使句子变成疑问句，但是"小明哪儿也不去吗？"是单纯的疑问句，后者则有"小明哪儿也不去，又能怎么样"的意思。此外，相同句类的内部也可以变换。例如：

您想什么？（特指问句）

您想什么了呢？（是非问句）

特指问句的"什么"是一般疑问的用法，而后者"什么"已变成虚指用法，两者是有区别的。

2. 句型之间的变换

例如：她辽宁人。（名词谓语句）

她是辽宁人。（动词谓语句）

前一句是名词谓语句，具有口语色彩，没有否定式；后一句是动词谓语句，口语书面语皆可使用。有否定式："她不是辽宁人。"

教室里坐着四十个学生。（存在句）

四十个学生坐在教室里。（一般动词谓语句）

这是动词谓语句内部的变换，存在句与动词谓语句的变换。

还有否定句和肯定句之间的变换。例如：

学好古汉语很难。（单纯肯定句）

学好古汉语不容易。（单纯否定句）

前者的语气比较重，而后者的语气则较轻。如果是双重否定句，语气则更重。例如：

要想取得好成绩，必须刻苦努力。

不刻苦努力，是不能取得好成绩的。

显然，后一句的语气要比前一句重得多。

六、常见的句法错误

学习语法的目的是让我们懂得句子的基本结构规律，知道句子应该怎样组织，不应该怎样组织。为了更好地培养理解运用语言的能力，我们有必要了解句子常见的语法错误，并能纠正语法错误。常见的句法错误有以下几种：

(一) 搭配不当

1. 主语和谓语搭配不当

由于对词义搭配的不理解，从而造成主语和谓语两者搭配不当。例如：

它每年的发电量，除了供给杭州使用外，还向上海、南京等地输送。

这个句子中的主语中心词是"发电量"，而谓语动词是"输送"，与"输送"搭配的应该是"电"，而不是"发电量"。因此，本句主语改为"它每年发的电"。

2. 动词和宾语搭配不当

例如：我们要彻底铲除"四人帮"的流毒和影响。

句中的"影响"和"流毒"不是指具体事物，所以用"铲除"不恰当，应该改为"我们应该肃清'四人帮'的流毒并消除其影响"。

3. 定语、状语、补语跟中心语搭配不当

例如：我们的祖国幅员辽阔，有优裕的自然资源。

定语"优裕"和中心语"自然资源"搭配不当，应将"优裕"改为"丰富"。又如：

老板口口声声欺骗那些雇工。

这个句子的状语"口口声声"跟中心语搭配不当，应改为"挖空心思"或者"千方百计"。又如：

你对我们照顾得太周全了。

这个句子的补语与中心语搭配不当，"周全"应改为"周到"。

4. 主语和宾语意义上不搭配

例如：今年麦子的收成是几年来收成最好的一年。

从句子中可以看出，"收成"搭配应该是"麦子"而不应该是"一年"，应该改成"今年是几年来麦子收成最好的一年"或者"今年麦子的收成是几年来最好的"。

(二) 残缺和多余

假如不符合省略的条件而省略句子中的成分，会导致句子结构不完整，表达的意思不清楚、不准确，这叫残缺；相反，由于在句子中多了某个成分而使句子不清楚、不准确，这叫多余。残缺和多余大体上分为以下几种情况：

1. 成分残缺

（1）主语残缺。例如：

通过这次参观访问，使我们受到了很大的启发和教育。

句子中由于滥用了介词"通过"，致使句子主语残缺。因为介词短语不能充当主语，所以应当删去介词"通过"，把"这次参观访问"作句子的主语，或者去掉"使"，让句中的"我们"作句子的主语。

（2）谓语残缺。例如：

南堡人民经过一个冬天的苦战，一道4米高、20米宽、700米长的拦河大坝，巍然屹立在目溪边。

这句话只有主语，没有谓语就另起炉灶，因而造成谓语残缺，句中的"经过"应该提到句子的前面，用"经过……的苦战"作句子的状语，让"一道……大坝"作句子的主语。

（3）宾语残缺。例如：

不少同志带病来参加水利工程。

句中的"水利工程"不能作为"参加"的宾语，应在句子后面加上"建设"，改为"不少同志带病参加水利工程建设"。

2. 成分多余

成分多余是指在句子中一些成分和其他成分在意义上完全相同，或者已经包含在其他成分中，这个成分就是多余的。

例如：他的文章曾经在《辽宁日报》上全文连载发表。

句中的"连载"就是"发表"的意思，这两个词连用，实际上是同义词重复，可以删去"连载"或"发展"。

（三）语序不当

有的句子中定语和中心语的位置颠倒。例如：

最近几年，我国丝绸的出口，深受各国顾客的欢迎。

这个句子语序不当，"丝绸"是主语的中心语，却放在定语的位置上，应改为"我国出口的丝绸"。又如：

这次会议对开展研究性学术的问题也交换了广泛的意见。

句中的"广泛"是状语，应当在"交流"的前面，却放在了定语的位置上。例如：

夜深人静，想起今天一连串发生的事情，我怎么也睡不着。

这个句子把定语放到了状语的位置上，应改为"……发生的一连串事情"。再如：

校长、副校长和其他学校领导出席了这届迎新会。

句子属于多层定语语序不当，句中的"其他学校的领导"是指别的学校领导，还是本校的其他领导，指向不明确，有歧义。从结构上看，"其他"是"学校"的定语，但从文义上看，则应是"领导"的定语，所以，可改为"校长、副校长和学校其他领导"。例如：

这件事对我们大家当时震动很大。

句子属于多层状语语序不当，句中"对我们大家"是表示对象的状语，"当时"是表示时间的状语，表示时间的状语应当放在前面，因此，应改为"这件事当时对我们大家震动很大"。

（四）句式杂糅

同一个内容，往往可以采取不同的说法。如果在写文章时既想用这种方法，又想用那种方法，将两种方法用在一起，结果就会导致出现句子杂糅的现象。例如：

不仅这样，他们还把小岛建成花园一样美丽。

该句子是把两种结构套在一起，出现了混杂，应改为"把小岛建设得像花园一样美丽"，或者"把小岛建成美丽的花园"。又如：

考试场设在一间古色古香的大厅里举行的。

这个句子出现结构上的杂糅。有两种改法：一是改为"考场设在古色古香的大厅里"，二是改为"考试在一间古色古香的大厅里举行"。再如：

我一定做好受群众欢迎的编辑工作。

句子中"做一个受群众欢迎的编辑"是一套结构，"做好编辑工作"又是一套结构，只能保留其中之一。

七、复句

复句是大于单句的语言单位，是由两个或两个以上意义上有联系，结构上互不做句子成分的分句组成。复句里的分句是类似于单句而没有完整句调的语言单位，可以是词，也可以是主谓短语，还可以是非主谓短语。复句的语法关系是通过词序和关联词表示的，关联词在复句中占重要的位置。复句中各分句之间一般有语音停顿，用逗号、分号或冒号表示。复句分联合复句和偏正复句两大类。

（一）联合复句

联合复句包括并列关系、顺承关系、解说关系、递进关系和选择关系五种。几个分句表示同一方面的几个事物或者同一事物的几个方面，常用的关联词语有"也""还""另外""同时""同样""既……又（也）""一边……一边""一方面……另一方面""一会儿……一会儿""有时……"等。

1. **并列关系**

几个分句的地位是完全平等的，没有主次之分，分句分别说明相关的几件事情、几种情况，或者同一事物的几个方面。例如：

老栓一面听，一面应，一面扣上衣服。

有的并列关系的复句可以通过正反两个方面来说明某一事实。例如：

真理是时间的产物，而不是权威的产物。

有的并列关系的复句也可以不用关联词。例如：

五岭逶迤腾细浪，乌蒙磅礴走泥丸。

2. **顺承关系**

几个分句表示连续的动作或连续发生的事情。分句之间有先后相承的关系，常用的关联词语有"又""就""便""接着""然后"等。例如：

愿为事业献青春，献了青春献终身，献了终身献儿孙。

这类复句也可以不用关联词语，直接通过句序来表示复句的关系。例如：

我温了酒，端出去，放在门槛上。

3. 解说关系

复句后面的分句是对前面分句（或者是前面分句对后面的分句）的解释、说明、补充和总结，一般不用关联词。例如：

恒星都很大，差不多每一颗能装下几百万个地球。

对自己"学而不厌"，对人家"诲人不倦"，我们应取这种态度。

4. 递进关系

复句后面的分句在语意上更进一层。常用的关联词语有"不但（不仅、不单、不光）……而且（还、也）""并且""甚至""何况""尚且……何况"等。例如：

"费厄泼赖"尤其有流弊，甚至于可以变成弱点，反给恶势力占便宜。

没有花，只有刺，尚且不可以，何况只有骂。

5. 选择关系

复句中两个或两个以上分句分别说出几种情况，这几种情况不能同时存在，要求从中选择一种。表示选择关系的复句有两种类型：

选择未定：在可供选择的几项中，或甲或乙，非此即彼的选择。例如：

或者当记者，或者当编辑。

努力于提高呢，还是努力于普及呢？

选择已定：对两个可选择的事物做出明确的取舍，常用"与其……不如""宁可……也"等成对的关联词语，有时也用"宁可""与其""不如""还不如"等关联词语。例如：

与其站着等车，不如走着去。

宁可牺牲个人利益，也不能损害集体利益。

（二）偏正复句

偏正复句包括五种类型，分句之间的关系包括转折关系、因果关系、条件关系、让步关系和目的关系。

1. 转折关系

这种复句前后分句的意思不是顺承下来的，而是产生了某种转折，于是后一个分句的意思相反或偏离，是意念的重点，为正句。经常用"虽然（虽、虽说、尽管）……""但是""但""可是""可""然而""却""不过""只是""倒"等关联词语，关联词语可以单独使用，也可以成对使用。例如：

巴黎公社尽管失败了，可是它的历史功勋是不可磨灭的。

有时表示转折关系的复句也可以是正句在前，偏句在后。例如：

现在还不是收麦的时候，尽管麦子已经快要成熟了。

2. 因果关系

在几个分句中，有的表示原因，一般在前面，为偏句；有的表示结果，在后面，为正句。

表因果关系的复句有两种情况：

一是说明因果，即以既定的事物来说明因果关系，常用"因为……所以""因此""因而""从而""以致""致使""由于"等关联词语。例如：

因为马克思有了广博的知识基础，所以能筑起他的学术高塔。

有的复句表示因果关系时，用"之所以（所以）……是因为"来作关联词语，这类复句是先说结果，后说原因。例如：

之所以没去旅游，是因为最近工作太忙。

二是推论因果，就是依据一定的关系来推断因果关系，可以由因推果，也能以果推因，常用"既然（既）……就（那么）""可见"等关联词语。例如：

既要革命，就要有一个革命党。

表示推论因果关系的复句有时也可以正句在前，偏句在后。例如：

不要再批评了，既然他已经认识了错误。

3. 条件关系

复句中的几个分句，有的表示条件，有的则表示在这个条件下可能或必然产生的结果。表示条件的分句一般在前，为偏句；表示结果的分句一般在后，为正句。表条件关系的复句通常有三种类型：

（1）假设条件：前面的分句提出一个假设条件，后面的分句说明在这个假设条件下会产生的结果，经常用"如果（假如、如、假使、倘若、若是、要是）……那么（那、就、便）"等关联词语。例如：

若是扬沙天气，汽车就推迟出发。

还有一种用法，就是前后两个分句说的是相关的两件事情，假如承认前面的是事实，就得承认后面的也是事实。例如：

如果说新中国成立是让人民当家做主人，那么改革开放就是让广大群众过上小康的生活。

（2）特定条件：复句里前一分句提出具体条件，后面则说明具备这个或有了这个条件后产生的结果。一般用"只有……才""只要……就""除非……才"等关联词语。例如：

只要你说得对，我们就改正。

（3）任何条件：不管前面的分句提出什么条件，后面的分句都表示取得同样的结果，这种句子实际上是无条件句。例如：

不管前面有多少艰难险阻，我们还是要向前进。

表示条件关系的复句，假如条件十分明确，可以省略关联词语。例如：

没有共产党，就没有新中国。

4. 让步关系

前面的分句对后面的分句有假定的意味，而后面的分句对前面的分句又有转折的意思。通常前面的分句为偏句，后面的分句为正句，一般使用"即使（就算、就是、纵然、哪怕）……也（还、都）"等关联词语。例如：

在赛场上，就是赢不了，也要坚持到底。

复句是让步关系的，有时也可以正句在前，偏句在后。例如：

还是留下吧，即使你觉得这里不适合你。

5. 目的关系

在复句中，有的分句表示目的，有的分句表示行为，表示行为的是正句，表示目的的是偏句。正句的位置按不同词语的需要，有的在前，有的在后。一般用"为了""为""为的是""以便""用以""好""以免""免得""省得"等关联词语。例如：

为实现四个现代化，我们要坚持科学发展观。

你还是先和人家打一下招呼，以免到时找不到人。

（三）多重复句

复句一般由两个分句构成，有时即使是两个以上分句所形成的关系，也依然是在一个构造层次上。如果一个复句有两个以上分句，而且各句的关系不在一个层面上，即具有两个层面以上的关系，就构成了多重复句。

多重复句可以表达语言中更复杂、更全面、更严密的逻辑关系。

（四）紧缩复句

在日常口语和比较自由活泼的文体里，为了使语言表达得更清楚、明了、准确，复句还有一种紧缩的形式。这里的"紧"是指紧凑，紧掉了复句中的语音停顿；"缩"就是缩减，缩减了句子中某些词语，特别是一些关联词语。而它依然具有复句的特点，这就是紧缩复句。例如：

只要天一亮，他就出去锻炼。（一般复句）

天一亮他就出去锻炼。（紧缩复句）

（五）复句中常见的错误

1. 分句之间缺乏一定的逻辑关系

复句中的几个分句必须具有严密的逻辑联系，不遵守这个原则，写出来的句子就会出现语病。例如：

我们需要认真总结一下几个月来的学习经验，因为我们的学习目的是明确的。

我们如果不好好学习外语，就不能提高自己的政治思想水平。

这两个复句中，分句之间没有必然的逻辑关系，所以是错句。

2. 结构混乱，层次不清

复句特别是多重复句，各分句的结构关系相当复杂，如不注意上下文的联系，就会出现层次不清、结构混乱的语病。例如：

近两年来，他的科研成果又有新的提高，其中有两项不但达到国际先进水平，而且也填补了国内这方面的空白。

这个句子的两个分句之间的递进关系颠倒了，应该把位置对调，使之构成由轻到重的递进关系。

3. 关联词语应用错误

在复句中，关联词语是表示各分句之间关系的标志，是否用关联词语，是成对用还是单用以及用在什么位置上，都有一定的规则。下面是常见的几种关联词语应用错误：

（1）搭配不当。成对使用的关联词语，其关联词语不能随意拆换，否则就会造成搭配不当的语病。例如：

人们只有解放思想，努力学习，就可以掌握科学技术知识，并且有可能成为科学家。

这个例句属于关联词语搭配不当，应把"只有"改为"只要"，或者将"就"改为"才"。

（2）缺少必要的关联词语。依据表达的需要，本来应该使用关联词语，但却没有使用，或者该成对使用的只用了一个，结果导致分句之间的关系模糊，意思表达不清楚，造成语病。例如：

革新技术以后，不但加快了生产速度，提高了产品的质量。

这个例句缺少同启下连词"不但"相搭配的承上连词，应在"提高"的前面加上"而且"。

（3）错用关联词语。句子里本该用关联词语A，但却用了关联词语B，结果造成关联词语与所要表达的意思不一致，因而出现了语病。例如：

犯罪分子一面不断地变换手法，一面终究逃脱不了人民的法网。

这个句子属于错用关联词语，两个分句是转折关系，不是并列关系，应该把"一面……一面"改为"虽然……但（是）"或者"……但（是）"。

（4）滥用关联词语。不该用关联词语，但却随便用，就是滥用，结果会使句子显得生硬、啰唆，造成词不达意。例如：

他大学毕业后，就到杂志社工作，所以工作积极肯干，也能吃苦。

在这个复句中，分句之间没有任何因果关系，在第三个分句前用上"所以"就变成了

"工作积极肯干，也能吃苦"是"他大学毕业后就到杂志社工作"的结果，这是不符合实际的，应该把"所以"去掉。

（5）关联词语位置不当。在复句中，关联词语都有一定的位置。前后分句的主语相同，前一分句的关联词在主语后；前后分句主语不同，前一分句的关联词一般在主语前。例如：

中国人民不但认识了现代霸权主义的反动本质，而且第三世界越来越多的国家和人民也都从自己的经验中看清了现代霸权主义的真实面目。

这个句子关联词语的位置错误，应该改为："不但中国人民认识了现代霸权主义的反动本质，而且第三世界越来越多的国家和人民也都从自己的经验中看清了现代霸权主义的真实面目。"

第四节　汉语修辞常识

一、修辞的含义

"修辞"这个词的用法比较灵活。它的含义随着语境的变化而具有多义性。第一，指运用语言的方法、技巧和规律；第二，指运用语言及语言表达方法、技巧和规律的活动；第三，指以加强表达效果的方法、规律为研究对象的修辞学和修辞著作。我们运用语言交流思想，传达信息，不仅要表达得准确无误、清楚明白，还应该力求生动形象、妥帖鲜明，尽可能给人以深刻的印象和语言的美感，这就需要在特定的语境中对语言进行综合的艺术加工。

二、词语的锤炼

词是构成句子的基本单位，句子选择得好不好，首先要看词语选得好不好。因此，词语的锤炼是非常重要的。在古代，人们十分重视对词语的锤炼，古人叫"炼字"，这是我国传统的修辞艺术。词语锤炼的根本目的就是能够更好地表达思想，传递信息，在正确运用词语的基础上把词语用得更活、更好、更妙，这就是锤炼词语。汉语中的每一个词都是声音（形式）和意义（内容）的结合体，词语的锤炼就是要兼顾这两个方面。

（一）词语意义的锤炼

顾名思义，词语的锤炼，必须先理解词义，这是做到准确得体的前提。准确就是从理性上看对词义把握得是否正确；得体就是从感性的意义上看其是否恰当。如果能够兼顾这两个方面，就做到了准确得体。例如：

原句：这座铜钟就在柏树底下，矗立在地上，有两人高。伸拳一敲，嗡嗡地响，伸直臂膀一撞，纹丝不动。

改句：这座铜钟就在柏树底下，戳在地上有两人高。伸手一敲，嗡嗡地响，伸开臂膀一撞，纹丝不动。

句中的"矗立"指高高地直立，可以写"高楼矗立"，而写成"只有两人高的铜钟矗立"就不太准确。改为"戳"比较贴切而且浅显、明快。另外，用"伸直的臂膀"去"撞钟"与人体生理不吻合，所以改为"伸开"就比较准确恰当。

锤炼词语还要做到语言简练，实际上就是说话、写文章要言简意赅，用最少、最精的词，表达最丰富的信息。语言烦冗是语言表达的大忌，其主要有以下表现：

1. 字面重复

如果是必要的重复，那是修辞的手段，但无意义的重复，就是烦冗。例如：

关于稿件来源的问题，我们大家讨论了这个问题，认为问题是不难解决的。

很显然，后两个"问题"放在句子里完全没有必要，是多余的，这段话表达得很啰唆。

2. 同义反复

字面看起来虽然不同，但所选用的词语是同义词，而且在句子里反复出现，这与使用反复强化表达效果是完全不同的。例如：

热烈欢迎运动健儿凯旋归来。

"凯旋"就是"胜利归来"的意思，"归来"就是没必要的同义反复。

3. 纯属多余的词

从词语表达的意义上来说，有些词语的使用属于画蛇添足。例如：

我们的事业要比历来的古人所从事的事业伟大得多。

句中"历来的"和"古人"是重复的。另外，前面已有了一个"事业"，后面就没有必要再加上一个"事业"，显得多余、重复，应该删掉。

我们强调语言表达准确、内含丰富，做到意增词不增，达到更高境界。词语的简练与否要以内容表达的需要为衡量标准，不能以字数的多寡来判断。简短不一定简练，文字简短但意思表达不清，并不意味着简练。相反，有些词语看起来貌似重复，但却是内容表达的需要，也不能说不简练。例如，鲁迅的《秋夜》中的名句："在我的后园，可以看见墙外的两株树，一株是枣树，还有一株也是枣树。"看似重复，实则不然，因为这段话一方面表现了在白色恐怖下那种苦闷、无聊、失落；另一方面又隐喻反抗黑暗势力的斗士那种坚强不屈、不怕牺牲、前赴后继、为光明而战斗的精神。为此，我们必须使语言表达得更鲜明生动，通过对词语的锤炼，进一步增强语言的表达效果，使其更形象、更具体、更鲜活。

一是要了解词的理性义及其相互之间的比喻关系、指代关系、背反关系和表里关系。

例如：在某些文学作品中，把党比作"母亲"，"母亲"已不再具有原来的理性义。

二是要明晰理性义和活用义之间具有指代关系。例如："我们需要'本本'，但是一定要纠正脱离实际情况的本本主义"中的"本本主义"实际是指代脱离实际的盲目的教条主义作风。

三是要掌握理性义和活用义之间具有背反关系。例如，老舍在《小花朵集》里写的："假如当时我已经能够记事儿，我必会把联军的罪行写得更具体、更'伟大'、更'文明'。"把"伟大"和"文明"加上引号意味着表示反语，即"丑恶"和"野蛮"。

四是要明确理性义和活用义之间具有表里关系。例如，杨沫在《青春之歌》写道里："……夜是这样的黑暗、阴沉，似乎要起暴雨。多么难挨的漫漫长夜啊！"这里的"夜"表面上是写实，而内里却指黑暗的旧社会，"暴雨"内里也是指国民党反动派的疯狂镇压。词语的活用有时还表现在改变词语的色彩意义上，通常是改变感情色彩意义和语体色彩。例如：

我们全党全民要把这个雄心壮志牢固地树立起来，扭住不放，"顽固"一点，毫不动摇。

句中的"顽固"本来是贬义的，但在此却有了褒义色彩，在修辞上叫易色。有时在口语中，人们会有意运用一些商务、外交等场合使用的词语，以取得幽默诙谐的修辞效果，如把妻子称为"内阁总理""全权代表"等，修辞上这叫降用。

词语的活用有时还表现在改变词语的组合关系。临时改变某些词的词性，改变词语的语法功能，在修辞上叫转类。例如：

朱自清写的《"海阔天空"与"古今中外"》中，在与新同事闲谈时问他第一堂课上什么时，新同事回答道："古今中外了一点钟！"

句中的"古今中外"是名词而当作动词使用了。

还有把适用于某一类事物上的词语用到另一类上，在修辞上叫移就。例如：

闻一多的《静夜》中："这灯光漂白了四壁……"

句中的"漂白"本指对纺织品的洗染，在这里形容本来不能洗染的四面墙壁。

另外，还有当两个事物同时出现时，将适用于某一事物的词语拈来用于另一事物，在修辞上叫拈连。例如：

杨朔在《荔枝蜜》中写道："蜜蜂在酿蜜，又是在酿造生活；不是为自己，而是为人类酿造最甜的生活。"

"酿造""生活"运用的就是拈连的方法。

词语的活用还可以改变词语原来的音形规范。这通常分为以下几种情况：

一是依据原词临时模仿新词。例如：姜天民的《第九个售货亭》："先是'待业'，现在呢，是'待婚'，而不是'待恋'。"显然，句中的"待婚"和"待恋"都是从"待业"一词仿造而来的。

二是为了表达上的需要故意把词语写错或读错。例如,鲁迅的《阿长与山海经》中写道:"哥儿,有画儿的'三哼经'我给你买来了。"句中的"三哼经"是"山海经"的误写误读。

三是为某种需要改变词语结构成分的次序。例如:"他为革命多苦辛,万水千山走得勤。"为了押韵的需要,句子中将"辛苦"改为"苦辛"。

(二) 词语声音的锤炼

声音的锤炼在修辞中也十分重要,语言声音的恰当配合,是使语言声情并茂的前提。语音修辞应主要注意以下三个方面:

首先,语言音节要整齐匀称。语句应读起来朗朗上口,听起来悦耳。例如:"满肚苦水,满腔仇恨!在苦水和仇恨里长大的孩子啊,永远忘不了这世世代代的苦,祖祖辈辈的仇。"

其次,要注意音律优美和谐。除在音节上调配之外,有时我们还可以通过一些其他语音修辞方法来加强语音的音律美、回环美,以增强语言的表达效果。其中,最主要的就是叠音、双声叠韵词的运用,还要韵脚和谐。这样,除了形象之外,还会增加语言的音乐美。例如:"井冈山五百里林海里,最使人难忘的是毛竹,从远处看,郁郁苍苍,重重叠叠,望不到头。"(叠音)又如:"田原零落干戈后,骨肉流离道路中。"(双声)再如:"梦里依稀慈母泪,城头变幻大王旗。"(叠韵)或者:"长夜无言,天地同悲,只见灵车去,不见总理归。"(押韵)

最后,注意声调平仄相间。这里主要是指在一句话中所用语词平仄相间,音调的长短抑扬相互搭配,从而获得音乐美感。我国古代诗词自唐代开始就特别注意平仄,这是格律诗的基本要求。"平"和"仄"就是汉语声调的两大类别。现代汉语的平声字包括阴平和阳平,仄声包括上声和去声,如果将这两类声调交错搭配运用,就会产生抑扬顿挫的音律效果。古人写诗必讲平仄,今人虽不必拘泥于此,但在写文章中特别是写诗或者歌词时,能够运用平仄的规律,其效果也是相当好的。

三、句式的选择

文章写得好,就要能够随时变换句子,根据需要自由地选择句子。从修辞的角度看,表示相同或相近意义而在风格色彩、修辞功能、表达效果等方面存在细微差别的句式,都可以称为同义句式。在多数情况下,写文章是对这些同义句式的选择。善于选择和调整句式,能够有效增添文采,增强语言的表现力,收到理想的修辞效果。

掌握和选择句式的主要依据主要有三点:一是根据不同句式本身表意的鲜明程度选择;二是根据不同语境,特别是上下文不同语境的需要来选择;三是根据上下文主语的异同来选择。

(一) 长句与短句

短句所用词语较少,结构也比较单一。长句正好与此相反,所用词语多,结构复杂,表意比较周密、严谨、精细，特别适合于在严肃、庄重的文体中使用，如论文、政府报告、法律法规文体等。而短句的修辞效果则简洁、明快、灵活、生动，特别适用于一般文体，尤其是文艺新闻文体使用。常见的长句变短句，有以下两种方法：

一是把长句中的附加成分抽取出来，使长句变成短句。例如：

他是一个身体健康、学习刻苦、工作积极并且立志为"四化"奋斗终生的三好学生。（长句）

他是个三好学生。身体健康，刻苦学习，工作积极，立志为"四化"奋斗终生。（两个短句）

长句的修饰语多，"学生"前面有一个定语是联合短语，里边的联合成分较多，比较复杂，改成一个单句和一个复句组成的句群，单句内的定语少而短，复句内四个分句都没有定语和联合成分，由有联合关系的分句组成联合复句。也可以把第二句中的句号改为逗号，变成前后有解说关系的复句，每个分句的形式上都是短句。

二是把长句中的联合短语拆开，重复跟联合短语直接相配的成分，形成并列或排比的句式。例如：

这出戏一开始就给观众展现了草原上欣欣向荣的大好风光和牧民群众为开辟草原牧场，架设桥梁而战斗的动人场面。

这出戏从一开始，就给观众展现了草原上欣欣向荣的大好风光，展现了牧民群众为开辟草原牧场、架设桥梁而战斗的动人场面。

句中宾语成分的定语较长，句子结构比较复杂。从第一句改成第二句之后，变成了几个短句，效果就好得多。

（二）整齐句和参差句

结构、音节、节律决定了句子是整齐还是参差。凡是结构相同或相近、音节相同或相近、节奏匀称的几个句子组织在一起，就是整齐句，又称为整句。与此相反，就是参差句，又叫散句。对偶句和排比句是最典型的整齐句。此外，结构相同或者不同，但音节、节律大体匀称的，也属于整齐句。例如：

我们培养选拔人才，有广阔的源泉，有巨大的潜力。事不关己，高高挂起；明知不对，少说为佳；明哲保身，但求无过。这是第三种。

第一句中使用了结构相同、音节和节律相等的句子。第二句中四字句虽然结构有所不同，但音节和节律整齐，所以都是整齐句。但是如果有的句子虽然音节相同，结构不同，音律也不匀称，就不是整齐句，而是参差句。

整齐句的效果是声音和谐，读起来朗朗上口，便于记忆和流传，感情色彩浓郁，有感染力。这种句式多用于艺术作品、文章标题和广告词中。而参差句的特点主要是自由灵活，富于变化，在言语交际中时常使用。我们要根据实际需要来选择和搭配这两种句式。

（三）主动句与被动句

使用主动句还是被动句，主要看陈述的对象和语境。假如以施事者为陈述对象，就要选用主动句；如果以受事者为陈述对象，最好选择被动句。被动句大多是出于迫不得已而表达，所以实际上用得比较少。可是，在某些场合，选用被动句反而效果更好。这里分为两种情况：

一是强调受事者，施事者不必说出，下文可能出现；也可能大家心照不宣，不愿说或不必说。例如：

忽而一个红衫的小丑被绑在台柱上，给一个花白胡子的用马鞭打起来了，大家才又振作精神地笑着看。（鲁迅《社戏》）该句是强调"小丑"怎样，是受事，"花白胡子"是施事者，属于在下文就要出现的情况。

二是在特定的上下文中，为了使前后分句保持一致，使叙述重点更突出，语气贯通、流畅，最好也选用被动句。例如：

在我们厂里，她是有名的劳动带头人；去年大家选她为"劳动模范"；今年，她又做出了新成绩。

在我们厂里，她是有名的劳动带头人；去年她被大家选为"劳动模范"，今年，她又做出了新成绩。

第一句中，前后分句的主语不一致，使叙述失去了重点，而且语气也不流畅，改成第二句，成为被动句，突出了叙述的重点"她"，同时使前后分句保持一致，意思就连贯了。

（四）肯定句与否定句

同一个事物既可以用肯定的句式表示，也可以用否定的句式表示。但是两者在语意的轻重、强弱上是有差别的。肯定句的语意要比否定句的语意强一些，如："他身体好。"（肯定句）"他身体不错。"（否定句）但是，如果肯定句与否定句并用，用否定来反衬肯定，反过来也用肯定来反衬否定，这时，两者的语意会同时增强。例如：

我们是持久论和最后胜利论者，不是赌汉那样孤注一掷论者。（先肯定后否定，强化肯定）

这三千里江山已不再是孤零零的半岛，而是保卫人类和平的前哨。（先否定后肯定，反衬否定）

句中双重否定是两次否定的连用，以表示肯定的意思。与一般肯定句相比，一是表达的语气更加肯定，不可置疑；二是表现的语气反倒比一般的肯定句更委婉、含蓄。

（五）口语句式与书面语句式

在言语交际中，口语中经常出现的句式通常都是口语句式，相反则是书面语句式。它们之间的主要区别如下：

（1）日常口语总是直截了当，所以句式比较松散、简单，常使用短句；书面语的句式比较复杂、严谨，多使用长句。

（2）书面语句式因为要求严密的逻辑性，关联词语用得多；而口语句式比较自由随便，关联词语用得少，即使用也比较简单。

（3）书面语讲究语言的规范和典雅，特别注意句子的加工，有时还用一些文言句式；而口语则通俗、幽默，只要大家能听得懂，就不必严格要求。

无论是对书面语句式的选择，还是对口语句式的选择，一是看表达场合、内容的需要，是否得体；二是除文学作品外，一般不要将书面语句式与口语句式混合起来使用，这样容易使风格不统一，显得不伦不类。

四、主要修辞格及其使用

汉语中有几十种修辞格，常见的如比喻、比拟、夸张、借代、衬托、层递、对偶、排比、拈连、顶真、回环、反语、警策、婉曲、通感，等等。下面分析几种常见的修辞格：

（一）比喻

比喻就是打比方，用本质不同又有相似点的事物描绘事物或说明道理的辞格，比喻分为明喻、暗喻、借喻等。比喻由本体、喻体、比喻词三要素构成。在运用比喻时，喻体必须是常见、易懂的，大家熟知的。例如：

油光碧绿的树叶中间托出千百朵重瓣的大花，那样红艳，每朵花都像一团烧得正旺的火焰。（杨朔《茶花赋》）

这是一种像个小小钟儿似的紫色的花，像"满天星"菊花似的密密麻麻簇生着。（秦牧《草原的花》）

在运用比喻的时候常会出现比喻不当的情况。例如：

群众是汪洋大海，个人只不过是其中的一滴水，不，简直就是一滴水中的一个原子。

用"原子"来比喻个人，让人难以捉摸、费解。

比喻的本体和喻体必须是本质不同的事物，又有相似点，否则，就很难让人理解。例如：

那一棵棵大树，像我们的俘虏似的狼狈地躺在工地上。

用"俘虏躺在工地上"比喻"一棵棵大树"不贴切。

运用比喻要注意感情色彩。例如：

鬼子冲进了村子，像砍瓜切菜似的屠杀老百姓。

用"砍瓜切菜似的"来比喻鬼子屠杀老百姓，反而起到美化敌人的作用。

（二）夸张

夸张就是为了突出某一事物而有意言过其实的一种修辞方法。夸张有扩大夸张、缩小夸张、超前夸张。例如：

隔壁千家醉，开坛十里香。（扩大夸张）

五岭逶迤腾细浪，乌蒙磅礴走泥丸。（缩小夸张）

他酒没沾唇，人就醉了。（超前夸张）

运用夸张要以客观事实为基础，否则不能给人以真实感。运用夸张还要明确显豁，不能又像夸张又像真实。比如说"一天等于二十年"这是夸张，如果说"劳动三十天等于六十天"，这很难说是夸张还是事实。

（三）比拟

比拟是把物当人来写，赋予物以人的言行和思想感情，这叫拟人。运用比拟应该是写作者真实情感的流露，符合所写的环境、气氛，并要注意进行比拟的人或事在性格、形态、动作方面应有相似或相近之处。像下面的两例就属于比拟不当：

秋雨跳着欢乐的舞，一下就是几天，什么活也干不了，真闷死人了。

推土机舒展它的长臂，在荒原上铲出了一条坦平的路基。

（四）借代

不直说某人或某事物的名称，借同它密切相关的名称去代替，也叫换名。例如：用"红领巾"代替"少先队员"，用"大团结"来代替10元面额的人民币。借代有借体和本体，被借代的事物称本体，用来代替的事物叫借体。运用借代时应该注意借体与本体关系密切，在上下文里作者应有所交代，使读者看到借体时能明白本体是什么。运用借代，借体一定能代表本体，其作用才明显突出。借代一定要注意褒贬色彩。

（五）排比

排比是把结构相同或相似，语气一致、意思密切关联的句子或句子成分排列起来，使内容和语势增强。例如：

在集中正确意见的基础上，做到统一认识，统一政策，统一计划，统一指挥，统一行动，叫作集中统一。（词语的排比）

这是革命的春天，这是人民的春天，这是科学的春天。（句子的排比）

运用排比时要注意，必须从内容的需要出发，不能生硬地拼凑排比的形式。

五、辞格的综合运用

（一）辞格的连用

辞格的连用是指在一段话里同类或不同类的辞格的连续使用。例如：

矮小而年高的垂柳，用苍绿的叶子抚摸着快熟的庄稼；密集的芦苇，细心地护卫着脚下偷偷开放的野花。

句中先后把"垂柳"和"芦苇"人格化，是比喻的连用。还有异类辞格的连用。

（二）辞格的兼用

辞格的兼用指同一种表达形式中兼有多种辞格。从不同的角度看，同一个辞格的作用不同，一身兼二职，十分自然。例如："书山有路勤为径，学海无涯苦作舟。"

句中使用了对偶的辞格，从两句的表述来看，又运用了暗喻的辞格，是两种辞格的兼用。

（三）辞格的套用

辞格的套用指在一个句子中，一个辞格包含另一个辞格，形成大套小的格局，是一种相互包容的关系。例如：

一站站灯火扑来，像流萤飞走；一重重山岭闪过，似浪涛奔流。

从整体上看来，两个分句是对偶关系，每个分句中"像"什么，"似"什么，用的是比喻的辞格，第一句的本体"灯火扑来"和第二句中的"山岭闪过"两者都是比拟的辞格，三层辞格层层套用，使句子十分生动活泼。

六、修辞易出现的问题

在汉语表达的过程中，出于种种原因，修辞也会出现各种不同的问题，归纳起来，大体上分为以下三种：

（一）韵律配合不协调

为了使汉语表达中的音节整齐匀称，富有节奏感和气势，必须根据需要来灵活运用单音节词、双音节词和多音节词，这样才能做到读起来上口，听起来悦耳。使声调悦耳的重要条件就是要讲究声调的平仄。韵文自不必说，即使是散文，也应该注意平仄的调配，否则听起来会特别平直，没有韵味；诗歌应该押韵，这是我国古代诗歌创作的传统。现代人有时为音乐谱写歌词不讲究押韵，因而使语言表达失去韵律，美感大打折扣。

（二）词语运用不精确

选择词语如果不注意其前后意义的搭配，就会出现表达不准确的问题。因为每个词语都表达一定的含义，什么词语能和什么词语相配合，是有一定规律的，不能随意搭配。某些带有或褒或贬的词语，有时稍变换词的形式，就能附加上感情色彩，只要搭配得当，就会产生很好的表达效果。用于口语和用于书面语的词，会分别产生口语色彩或书面语色彩。如果不是出于表达的需要，尽量不要把常用于口语的词和常用于书面语的词混起来使用，这会显得不伦不类，语言风格也不统一。

（三）句子表意不流畅

汉语的句式比较多而且复杂，能够很好地根据表达的需要来选择句式，是取得表达效果的重要保证。能使用单句的就不要使用复句，反之亦然，这完全取决于满足表达效果的需要。此外，还有常式句和变式句的变换、长句与短句的变换以及散句与整句的变换，使用者既要考虑抒情达意的需要，还应考虑满足结构紧凑、整齐划一的要求。在选择词语时，要尽量避免语意的重复，不能随便堆砌辞藻，致使文字表达既无条理，又词不达意。

第三章 汉语言美学欣赏

第一节 汉语言中的文艺美学

一、汉语言文学的性质和应用

语言是一门极为复杂又很重要的学科，在一个以语言为交流工具的社会中有着举足轻重的作用。汉语言文学具有语言性，语言包括语言学和汉字学等种类的学习研究，不仅包括现代汉语，还包括古代汉语，在语言的延展性上比较强。汉语言文学从语言的基础延展到文学性主要是以中国文学为主，还包括当代文学和文学的相关文学史。汉语言的文学性又可以延展到文学教育性上。汉语言文学的教育性十分强，其教育性主要表现为深刻性、理论性和研究性。

汉语言文学可以从语言中表现出其生动鲜明的特性，用有感染力的语句表现语言的特点。提升汉语言文学的修养也是在提升自身的修养，表现在行为中，而追求文学修养的过程，就是提升修养的过程，只有感受到文学世界的真善美，汉语言文学的美才能得到释放。修养是后天养成的，需要一定的物质意识形态进行模仿，而汉语言文学的内在精神就是影响人们形成良好内在修养的一大因素，汉语言文学是世界文学的代表，是中国五千年的文明结晶，指导着我们成长过程中修养形态的客观沉淀。

二、文艺美学的特性

在我国，文艺美学包含两种：一种是理论话语，一种是学术建构。一种文化的话语形式受到学科逻辑和文化逻辑的相互影响，二者的矛盾造成文艺美学从产生到现在的话语现象。文艺美学表现为一种理论话语，理论是一种明确的逻辑完整的体系，然而话语没有形式上的严格性，也可以成为闲谈的零散的悖论形式。文艺美学虽然是一种理论，但文艺美学的言说从形式上严格地说有一定问题，又正因为有问题而造就它的深刻性和丰富性。因此，最好将其看成一种话语，当然它不是一般的话语，而是一种理论话语。

文艺美学在文化转型中产生并发展，无论从学术上有着怎样的概念混合，在具体的文化语境中，都有利于文学理论自身的学科转型。与政治意识形态关联最密切的文艺理论，要摆脱与自己的学术本性无本质关联的政治性，回归学科本性。美学是世界学术体系中最难的学问之一，其难首先表现在世界上每个文化具备美的属性，但却很难形成关于美的学问。美是广泛的，无论在什么地方都能遇上美的问题，美总是与宇宙相连，美的本质一直与哲学的根本问题相关，与宗教的最高存在相关，与人类学的基础相关。而美的学问则意味着要把美的概念按照学术体系的方式学科化。

三、汉语言中的文艺美学

文艺美学不仅在现代学术体系中有专门的学科逻辑，也是一种文化现象，以自己特有的方式作用于现实生活中。文艺美学要成功完成学科建设，找到自己作用现实和面向文化的恰当方式，要解决的困难还很多，要走的道路也很长。只有当其得到清醒的认识和正确的定位时，有关文艺美学的探索才会真正地发展起来。文艺美学的产生还来自中西文化在艺术本质认识上的差异。艺术的本质是追求美的过程。因此，艺术哲学本身就是美学。我国传统讲究文以载道。在我国传统语言中，文艺美学的理论不仅包含很强的政治性，还突出文艺自身的特性，所以，文艺美学在我国得到认可，与我国文化的学术发展有着不可分离的关系。

我国上下五千年的文化源远流长，艺术底蕴博大精深。汉语言的美首先是由内容美和思想美决定的，但这并非轻视语言的形式美和艺术美，否定语言的使用技巧。孔子早就强调演讲要有文采，说话要讲求技巧。他说，"情欲信，辞欲巧"，这样才能说服打动对方。毛泽东说："缺少艺术性的艺术品，无论政治上怎样进步，也是没有力量的。"鲁迅说："单是题材好，是没用的，还是要技术。"在无产阶级革命与社会主义建设中，周恩来的为人处事既有原则性，又有灵活性，在人际交往中，他讲究刚柔相济，把方方面面的关系处理得恰到好处，特别是在处理错综复杂的国际关系中，他纵横驰骋，游刃有余，表现了无与伦比的外交语言艺术，更是令人折服。

第二节 汉语言文学专业中的美学课程

美学是中文专业课程设置的一门必修课程或选修课程，一般开设在中文系的高年级，是文学理论课程的深化。作为汉语言文学专业理论课程的延续，美学具有重要的价值。它能够在文学理论课的基础上进一步深化理论思维，把审美思维扩展到艺术和其他文化形态上；能够扩展学生人文学科的综合知识，培养学生宽阔的跨学科知识结构。可以说，美学课程是中文系高年级不可或缺的课程，对于培养学生的整体能力具有重要价值。但是，美学作为一门多学科交叉的理论课，在教学活动中也存在一系列问题，如晦涩性、审美经验缺乏和理论体系陈旧等。这些都需要在教学实践中因势利导，发挥教师和学生的主体性，将美学变成生动的、有经验贴切性和研究性的课程。

一、多学科交叉的美学体系

美学最初是作为哲学的一个分支，在古希腊兴起的，其后也在哲学学科内部延伸和发展。随着哲学问题的转变，美学也经历了同样的发展过程。从古希腊的本体论哲学体系中诞生的本体论美学开始，美学成为本体论哲学的一个有机构成部分，其提问方式随着哲学的提问而延续，柏拉图天才式的追问"美是什么？"构成了美学的开端。此后许多年，美学一直作为哲学的一个部分而存在。1750年，鲍姆加登创立美学，美学作为独立学科出现，但是其仍然在哲学的框架内运行。以康德、黑格尔为代表的德国古典美学仍然如此，康德讲述美学和目的论的《判断力批判》是沟通《纯粹理性批判》和《实践理性批判》的桥梁。其后，认识哲学体系中的认识论美学、语言论转向的语言论美学都与哲学思想息息相关，成为哲学思想延展的一个重要场域。

作为一门独立的学科，美学与哲学的交集在现代美学这里开始逐渐淡化。到了现代美学，参与美学建构的知识体系开始丰富。在新的知识体系中，对美的哲学追问只是很小一部分，作为本体论而存在。心理学、语言学、教育学、人类学等的介入，使得现代美学发生了形态的转换。心理学的介入使得美学发生了主体审美心理的研究转向，审美心理学成为美学必不可少的一部分。教育学的介入，使得审美教育成为一个重要课题，进入美学教学的基本环节。人类学、考古学的介入使得审美发生问题和审美的文化性得到系统阐释。经过现代多学科知识的参与，美学从以哲学为主的古典形态发展到多学科交叉的现代形态。与此同时，美学基本理论知识也经历了本体论、认识论、语言论和文化论的转换。

目前美学教学使用的教材都是以现代美学体系为蓝本的。学教材通常包含以下内容：美的本质论、审美活动论、审美经验论（美感论）、审美形态论（审美范畴论）、艺术审美论、审美教育论等。美的本质论、审美活动论、审美形态论等章节是从哲学角度对美学做理论的演绎，审美经验论从心理学的角度对审美活动中主体的心理变化、心理过程进行多重描述，艺术审美论则综合哲学和艺术学的知识，从一般意义到特殊形态等方面论述艺术的一般知识和审美特性。从现有美学教材的知识体系看，多学科知识的综合建构成为美学教材的基本色调。多学科交叉理论主导的美学教学在整个中文系课程设置中有着不可替代的作用。从知识系统到内在的理论培养连续性上，美学教学在文学教育中都具有不可或缺的价值。这些问题都应该在中文专业课程体系的设置方面加以强调，从而凸显美学教学在文学教育中的功能和价值。

二、美学在中文系课程体系中的功能

从学科属性来看，美学一般被划到哲学系，但是长期以来，美学在哲学系并没有得到长足发展，而是在中文系扎根发芽，开花结果。更有趣的是，现在很多哲学系的美学师资是中文系培养的。美学在中文系的延续和发展，说明美学与文学有着密切的联系，在中文系课程体系中承担着重要功能。

首先，美学课程是文学理论课程的延续，是理论课的深化。理论课程对于人文学科非常重要，它承担着培养学生人文素质的基本功能。"理论的主要效果是批评常识，即对于意义、写作、文学和经验的常识。"文学理论课程是中文系必修课，承担着培养学生理论素养，普及文学常识，建立系统文学知识的重任，同时让学生以怀疑的态度，批判习以为常的观念。经过文学理论课学习，学生掌握了必要的理论知识，再加上文学史和文学作品选的学习，学生已经形成了较为完善的文学知识体系。那么，如何延续理论素养的培养？这就需要一门新的课程，由此美学应运而生。它承担了继续深化理论知识学习和理论思维培养的重任。美学的学习，涉及本质论、审美经验论、审美范畴论、艺术论等知识，直接丰富了原有的理论知识。美学的课程体系中还包括许多美学史的理论知识。学生在学习过程中针对某一美学流派进行自主学习，可以进一步深化对理论的认知。这些知识看似与文学无关，实际与文学息息相关，学生可以将这些知识迁移到文学知识学习中，作为文学批评的重要知识背景。在这种意义上，美学教学大大加深了文学教育的理论素养。

其次，培养学生开阔的人文视野和多学科知识。学科分类是现代社会建立学科体制的结果，具有进步意义，促进了学科知识的大发展。但是，随着学科的进一步细化，现代学科体制阻碍了知识的进一步生产。20世纪后半期，跨学科的知识生产成为科学领域的一种常见现象。在人文学科中，跨学科的研究趋向日益明显。许多自然科学、社会科学的方法和知识日益丰富，传统的人文科学发生了很大变化。但是，现有的学科体制相对滞后，不能全面反映学术研究的新发展。美学天生就是为跨学科而来的，它所涉及的许多问题需要相关学科知识来阐释。与文学理论不同，美学课程的设置突破了单纯文学知识的培养，把目光投向了文学之外。在美学的多重知识视野中，学生们学习哲学、心理学、人类学、艺术学等知识，并且从理论的角度对文学艺术加以演绎，可以解读出不同的意义。

最后，突出审美经验的内在相通性。在大的知识分类中，文学、艺术同属一类，二者具有审美经验的一致性。在审美经验的相通性上，文学、艺术找到了共同点，成为一个共同体。文学、艺术在理论上是一致的，但在实际的学科教学中，二者又是分离的。文学归于中文系，艺术归于艺术系。但是二者的联系十分紧密，文学与绘画、音乐、舞蹈等有着天然的联系。苏轼评价王维诗歌："诗中有画，画中有诗。"诗画一体的理论在美学史上比比皆是，应者如潮。文学与音乐、舞蹈的联系也非常紧密，即诗乐舞一体。《毛诗序》云："诗者，志之所之也，在心为志，发言为诗。情动于中而形于言，言之不足故嗟叹之，嗟叹之不足故咏歌之，咏歌之不足，不知手之舞之足之蹈之也。"三者在内在情感中产生了共鸣。情感的核心在于审美。美学课的重要板块是艺术论，通过对各种门类的艺术进行理论分析和概括，学生对艺术产生直接感受。在对文学的感受中，这种艺术的审美经验就会横移到文学中，增加文学意义感受和阐释的多重性。由此可见，在中文系开设美学课，可以凸显审美经验自身的相通性，让文学经验走向审美经验，从而获得更为深入的理解。

三、美学教学的问题与反思

在教学活动中，美学多学科交叉的复杂性、理论阐释的学理性、教材编写的滞后性等导致美学教学产生了许多迫切需要解决的问题。在日常教学活动中，美学教学呈现出一些问题，需要有针对性地总结并且对症下药，才能获得更好的教学效果。

首先，理论的晦涩与清晰。现有的美学教材大部分是先建构一个理论体系，然后按照这个体系阐述美学问题。例如，在国内影响非常大的由朱立元教授主编的美学教材就是以实践存在论美学为基础的。这本教材理论体系设计严密，层次清晰，可以让学生全面了解美学基本知识。但是在实际的教学活动中，该教材与以往其他美学理论教材一样，有个别学生反映看不懂。其原因应该是教材过于注重理论自身的建构和演绎，而忽视了接受对象的理论素养以及实际的日常经验材料。这些需要在教学活动中加以处理，才能增强教学效果。

当然，晦涩性似乎是理论必备的特征，其根源于思想的深刻性和特有的言说方式。对没有受过系统理论训练的本科生而言，这种晦涩性就增加了其理解的难度。但是，能否为此就放弃理论的言说方式呢？答案是否定的。没有理论独有的言说方式，理论本身就会失去特性。这种晦涩性需要教师在教学活动中采用特殊方式加以阐释，让其在学生的头脑中清晰起来。理论的清晰并不是要破坏其言说方式，而要清楚其言说的逻辑性，变成逻辑的清晰。美学理论的晦涩性主要体现在独有的概念、逻辑方面。美学理论教学中的概要在确定基本含义的基础上，将其来龙去脉，也就是发展历史讲清楚。在讲述来龙去脉的过程中，学生明白了这个概念的发展历史，才能充分理解和掌握概念。同时，对于一个观点得出的逻辑延展也需要重点讲解。在教学活动中，教师要对教学活动中的案例进行精选。案例的选择必须契合所讲理论本身，要注意典型性，同时必须注意其鲜活性和贴切性。

其次，审美经验的贴切性与接受者的自主性也是教学活动中需要关注的问题。美学教学中经常犯的错误是过于注重理论自身的言说，而缺乏具体、鲜活的经验，与审美实践脱节。这种状况与传统美学出身于哲学体系有直接的关系。哲学是一种包罗万象的自我言说，很多时候类似于一种思想游戏。在现代美学的发展中，美学已经跨出理论自我言说的圈圈，开始走向人类自身的实践活动。生态美学、环境美学等美学理论直接源于现实面临的存在问题，并且将之应用到现实的人类实践活动中。美学不应仅囿于自身封闭体系中，而应该向广阔的现实生活开拓。

我们现有的美学课程过于偏重理论和美学思想的教学，忽视美学与现实的联系。例如，关于美的本质，一般教材都是融合美学史上一些经典的"美是什么"的答案，几乎成为美学史的简单浏览。美学史上的一些经典美学家和观点成为讲课的基本材料。当然，美的本质是美学史不可或缺的构成部分，应该纳入教学体系中。但是对这部分的教学处理就需要做多方面的考虑。在教学活动中，教师可以在讲解经典答案的同时，让学生结合自己真实的审美经验，查阅资料，回答"美是什么"的问题。教师在讲解基本理论的同时，要将美学在现实生活中的应用讲给学生，让学生将美学观念和方法运用到自身的经验领域中，从而感受美学与生活的密切联系。审美经验与生活的贴切性可以充分发掘学生的能动性，让其结合理论探索自身，最后再回到美学理论中。

最后，关注新的美学研究成果，切入研究性问题，也是教学活动应该具备的品质。作为传播基本理论的美学教材，比较注重成熟的、经典的理论知识的吸收和讲授，让学生迅速了解美学的知识体系，这是无可非议的。但是美学毕竟是鲜活的，是随着时代的发展而变化的。由此，美学教材的编写和讲述应该在吸收基本理论的同时，注意前沿性研究成果的吸收和转化，带领学生研究新锐的理论问题，让教学活动从传授灌输逐渐向研究性学习转变。这些年来，美学自身的发展日新月异，其发展并不完全是自身理论的延续，而是基于现实问题的需要，有其内在的动力。这种发展应该迅速反映在教材的编写中。很多学者在编写教材时注意吸收新的研究成果，如近年来在国内新出现的审美人类学、生态美学、休闲美学等形态，就被纳入许多教材。"审美人类学研究的兴起和发展是近些年来在国内当代美学/文艺学以及人类学领域中值得关注的学术发展动态之一。"生态美学、休闲美学亦是如此。它们都是对传统美学的反驳，将传统美学形而上的演绎，转向需要现实的审美经验的支撑。美学关注对象转向现实的文化艺术，这种趋向将美学与人们自身生活的世界联系起来。在教学活动中，教师要通过审美人类学研究方法的传授，引导学生关注自身所处的大众文化、地域审美文化的变迁，让学生研究、总结，并与美学课程联系起来，将高高在上的理论转变成鲜活的生活学问。这种引导性教学可以提高学生对理论课的兴趣，提高其专业学习的积极性。

总之，中文系的美学教学活动具有自身的特殊性。它是文学教育的一个有机构成部分，与中文系的其他课程相辅相成。因其课程的特殊性，教师需要在教学活动中采取多种方法，激活接受主体的审美经验。在教学活动中，教师还应该引入前沿的研究成果，尤其是与生活密切相关的新成果，从而激活理论对现实的关涉性，让学生学会研究性学习。

第四章　汉语言文学审美

第一节　汉语言文学审美的思考

　　我国在汉语语言以及汉语文学方面都具有较深层次的研究以及探索，因此，其研究的领域范围也相对较广泛。本节从艺术形式、思想内涵两个方面分析汉语言文学的审美要点，并探讨汉语言文学中审美教育的开展问题。

　　汉语言文学主要包括汉族文化、中华文化语言文学以及中国汉语文学三大部分。随着我国在世界各地积极推广孔子学院，汉语言文学的研究、发展、创新与推广不断推进，汉语言文学的发展逐步迈上国际轨道，做好汉语言文学人文性的挖掘，加强审美问题研究与探讨，对于进一步促进汉语言文学的创新发展有重要意义，有助于实现汉语言文学教育与审美教育的融合与渗透，进一步提升审美素养与人文素养。

一、汉语言文学审美要点

（一）艺术形式审美

　　在汉语言文学中，艺术形式起到了装饰作用。华丽的语句和词语给人以赏心悦目的感觉。所以，对艺术形式的解读可以把文章中描述的画面还原出来，可以帮读者更好地理解作者的思想感情。汉语言文学的艺术形式可以从表现手法、写作手法、描写手法和修辞手法上体现。这四种艺术形式在不同方面加强了文章的美感，以不同的形式表达出文章的含义。语言的使用和语境的描绘在文学作品中不仅可以增强语言的画面感，还可以使读者体会到作者那时那刻的心境。以王维的《使至塞上》中的"大漠孤烟直，长河落日圆"为例，这句诗里的"直"和"圆"两个字用得非常好，给人以画面感，可以让人想象出边陲大漠壮阔雄奇的景象。"直"字写出了大漠的一望无际和空旷开阔，在漫天的黄沙中，一注白烟升起，这画面给人一种苍凉之感；"圆"字写出了落日的形态与特点，让人们的焦点放在这一轮落日上，又增加了语言的画面感与美感。这两个字自然而然成了这首诗的神来之笔，造就了这首诗苍凉唯美的意境。

（二）思想内涵审美

　　文章中一切手法的使用都是为了能更好地表达出作者的思想与情感。思想内涵是一篇文章的灵魂，没有思想内涵的文章就像没有颜色的花朵，失去了欣赏的价值。没有思想的文章，就算用再多、再优美、再华丽的语言和修辞也不能把文章提升到更高的境界。鲁迅的文章是我国文学史上的经典之作。他的作品之所以能达到这么高的成就，正是因为他的每一部作品都能很好地诠释出自己想表达的思想内涵。鲁迅先生写的小说《阿Q正传》就向人们展现了辛亥革命前后一个畸形的中国和一群畸形的中国人的真实面貌，表达了鲁迅先生对那个时期国人的指责与对这个社会的控诉。鲁迅先生想用他写的小说唤醒国人，让人们看到自己的麻木与冷漠，以此来拯救这个病态的社会和病态的国民。所以，在文学作品中要把思想内涵与艺术形式真正统一起来才能使文学作品达到一定的高度，上升到一定的境界。

二、汉语言文学中审美教育的开展

（一）古代汉语言文学审美

汉语言文学的审美着眼于其内涵的人文性与思想性，在审美中要考虑到各类文学作品的思想、艺术形式及时代特征等。古代汉语言文学审美，评价标准不单单局限于语言本身的美感，还关注语言内在所蕴含的思想，追求二者的和谐统一，我国古代汉语文学作品在这两个方面都有所探索实践。例如，注重作品艺术形式的南朝骈体文与宫体文，极为注重字面上的美感，倾向于应用大量华美的文字进行修饰，虽然外表华丽，但是内在很容易华而无实，自然缺乏值得深刻挖掘的价值。与之相反的是战国时代的墨家、法家等代表作品，其更加注重内容的客观实用性，外在美感有所欠缺，很容易使人感到枯燥乏味。这两种文学类别分别代表古代汉语言文学上的两种极端，都并非审美方面的主流，真正更受广大群众青睐的审美是思想性、艺术性合二为一。

古代汉语源于生活，在审美中自然更注重意境，文学作品的审美强调其表现出来的意境，从而获得不同的审美趣味。如古代诗歌的创作，诗人通过个人的观察体验与感受营造出独特的意境，从而让作品更加富有美感，增强了作品本身的文学魅力与感染力，令人在欣赏与品味的过程中自然而然会获得相应的审美情趣，体会到作品背后的真意。古代汉语在审美上注重尽善尽美，侧重于对内心世界的挖掘，不同类别的文学作品都会或正面或侧面地尝试烘托、表现创作者的心境，通过生动形象的描写或者犀利的表达实现情景呼应与情感表达。比如李白、杜甫对个人情感的抒发，即便历经千年仍旧备受世人推崇，关键就在于审美情趣的统一，思想感情的渲染与熏陶让读者几乎身临其境，从而更加深刻地了解作者想要表达的情感与志向。以古代诗歌为代表的经典文学作品表现出古代汉语独特的创造力和在审美上的价值。写作对象与内容并非最重要的，如何通过事物的描写让语言构成审美价值才是最重要的。

（二）现代汉语言文学审美

当今时代是传媒广泛运用的时代，针对汉语言的审美标准也随着时代的发展发生了翻天覆地的变化，语言审美特性逐渐为语言的应用探索带来了新的内涵与变化，社会时代背景的改变也逐渐改进了文学的主要形式。例如，民国时期我国对文学作品的审美形式更加着重于对文学思想、文学历史以及文学形式进行详细的研究，对文学思想意识形态进行深入的思考，对社会人性进一步的反思，对文学形式本身进行批判，进而在相对较为特殊化的时代大背景之下进一步赋予汉语言文化审美内涵以及独特的功能。处于特定历史时期的文学创作者积极地对社会历史进行反思，对社会上的伤痕进行揭露，对社会人性进行全面反思，掀起了文学发展的浪潮，大多数文学作品的创作不单单引领了语言审美的热潮，并且为历史的进步提供了强有力的支持。就大层面来看，这一时期的文学作品坚持以人为本的思想理念，坚持从群众中来到群众中去的探索路线，采用文学作品实现真实的文化情感与表达。

综上所述，汉语言文学在我国文化的研究领域占据着重要的位置，其在不同的时代展现出独特的时代特征，我国对汉语言文学的研究还应涵盖诸多方面，使其不但有助于提高中文的影响力，还将进一步提升我国的国际地位。

第二节　汉语言文学教学与审美教育

汉语言文学蕴含着深厚的传统文化积累，对中华民族文化和民族精神的传承与发扬具有重要意义。但当前汉语言文学教学中，对蕴藏在汉语言文学中的美学价值开发利用不足。在国民精神文化生活需求日益增长的新形势下，将审美教育渗透到汉语言文学专业教学中，对于提高大学生审美能力与文学素养至关重要。本节将针对开展审美教育的价值进行论述，并针对汉语言文学审美教学中存在的问题以及相关渗透策略进行分析。

审美教育几乎贯穿整个人类文明发展的历史。近代教育学者如蔡元培、陶行知等，都曾大声疾呼实施美学教育。当代，审美教育更是欧美各国国民教育中必不可少的重要组成部分。在汉语言文学专业中渗透审美教育具有得天独厚的优势，同时也是培养大学生美学观念、提升大学生审美能力教学目标的集中体现。

一、审美教育的含义和价值

审美教育以培养和提高审美能力为主要目标，而审美能力包括想象力、创造力、审美感受三大要素。作为一门特殊的教育学科，审美教育涵盖家庭、社会和学校三个层面。而具体到学校汉语言文学教育中，其价值主要体现在以下两个方面：

（一）培养学习能力，提高素质素养

汉语言文学专业的培养目标明确指出，培养学生高品位审美观，提高学生审美能力，实现学生内在美和外在美的高度统一。其中，审美能力包括获得美的感受、鉴赏美和创造美三个方面的能力。它对于丰富大学生精神世界，提高文学创作能力具有很强的实用价值。它还可以使学生在高品位审美观的驱动下，自觉远离低俗、消极的负面事物，养成正确的价值观念，成为合格的高素质的社会人才。

（二）丰富审美情趣，健全人格心智

美好事物对于人的主观能动性有着积极的调动作用。可以说对美好事物的追求促进了人类文明的发展。正因为如此，在汉语言专业教学中开展审美教育对于调动学生的学习积极性，丰富审美情趣具有非常大的正面意义。同时，积极健康的审美情趣引导，可以使得学生生活学习压力得到有效排解，能够使其保持良好的心态，促进学生健全的人格和心智发展。

二、汉语言文学审美教学中存在的问题

（一）教学方法和内容单一

当前，高校汉语言文学教学中审美教学目标明确，并得到了教育者的高度重视，在教材编撰中大量选择典型的、代表性的作品供学生赏析。这在一定程度上带动了审美教育的发展。但目前高校汉语言文字教学中仍然存在教学方式和教学内容单一的问题。一方面，汉语言文学教师繁重的教学任务压力与庞大的学生群体中个性化、差异化的审美需求之间的矛盾无法缓解，教师大多沿用单一重复的教学方法和内容，因而无法满足不同层次、不同个性学生的需要，导致学生学习兴趣不浓，对文学作品的研究不深入，审美意识和能力培养效果不理想。另一方面，灌输式的教学方法忽视了学生的主体地位，降低了学生学习的积极性和自主学习的有效性。长此以往，汉语言文学审美教育必将受到消极影响。与此同时，个别课程设置以理论为主，缺乏实践，学科考核以成绩为主，无法体现学生对相关历史、文学理论的综合认知能力和美学感受。

（二）学生审美情感缺失、汉语言文学理解能力差

受多元文化的冲击与社会不良风气的影响，当代大学生审美观念出现明显偏差，以衣着打扮取人的现象成为普遍现象，在内在美与外在美的追求之间未达到平衡。同时，大学生心智尚未成熟，人云亦云，缺乏主见，对内在精神修养的塑造缺乏自觉性。而且，大学生标新立异的心理、群体间互相攀比，以及网络不良信息的传播等因素也导致大学生审美能力和素养逐渐退化，而汉语言文学深奥、难懂，不如一些流行文学通俗易懂，因此，它很难受到大学生群体的青睐。这种快餐文化消解传统文化的现象反过来又体现了大学生审美情趣方面的急功近利以及我国审美教育环节的薄弱。在社会竞争加剧的当代，大学生面临着更多更大的压力和负担，这些压力迫使大学生走上一条功利性的考证、考级道路，没有余暇静下心来细细品读优秀的文学作品去欣赏美，体味美。此外，在大学生群体创造美的能力不足的情况下，学校将美的创造以任务的形式下发或盲目开展艺术活动，反而引起了大学生的排斥心理。

三、在汉语言文学教学中渗透审美教育的策略

为提高汉语言文学审美教学的有效性，我们可以从调动学生兴趣出发，根据教学现状，深入挖掘审美因素，提高教师文化素养和教学效率。

（一）创新教学形式，引导学生体验美

在审美能力的培养过程中，学生学习的积极性和自主性发挥了重要作用。因此，教师应走出灌输式教学的窠臼，更多地采用多媒体手段进行情境教学。教师应根据汉语言文学教学实际，调查学生学情，有针对性地调动学生兴趣，营造良好和谐的学习氛围，发挥学生自主性，养成良好的学习习惯，进而培养审美能力。

美有自然美、社会美和艺术美。想象力和创造力首先是从美的感悟而来的。帮助学生对文学作品树立更加浅显、更加直观、更加感性的印象应是教学的第一步。例如，描写自然景物的优美诗文，配合相应图片和音乐背景，为学生尽量全方位地呈现出相关景物的形象和情感特征，使学生在情景交融中，体会美丽的景色与美好的情感。文学作品的美离不开语言的成功运用，教师带领学生字斟句酌，赏析美词佳句也是必不可少的。

（二）创新教学内容，培养学生想象力

汉语言文学作品背后寓意着作者丰富的情感和思想。因此，在汉语言文学教学中，教师要根据教学目标与实际，创设情境，加深学生的理解，并激发学生的想象力，引导学生根据课文情境发挥联想和想象，熟练运用语言将自身的情感体验表达出来。这一举措更加尊重学生的心理，能够增强学生对课文的理解和感受。审美联想和审美体验是文学作品赏析中最重要的两种心智活动。而就文学作品而言，作品的语言文字要还原作者脑海中的艺术世界，必然离不开读者的联想与想象。联想这种具有感情色彩的思维方式对于文学欣赏起着至关重要的作用。正如刘勰所言，"观文者披文以入情"，就体现了情感这种感性思维在文学欣赏中的作用。因此在教学时，教师不能仅限于直接进行主题探讨等知性思维、理性思维的培养，而应该更多地给予学生想象的时间和情感交流的机会。

（三）加强文学素养，提升学生审美能力

汉语言文学教师在教学中起着引导和带头作用。因此，能够深刻剖析文学作品，尊重学生主体地位，善于营造课堂氛围，能够鼓励学生敢想敢说，引导学生树立正确审美观念的高素质教师至关重要。在实际教学实践中，汉语言文学教师要明确认识到审美教育的重要性。教师可以利用课余时间与学生互动交流，不断弥补自身不足，不断学习以提升自身文学素养，并积极寻求课程内容和形式的创新，提升教学效率。例如，教师可以在课程分配中适当缩减理论教学时长，缩短对知识点和文学内容的过度讲解，在内容上结合大学生审美观念、生活实际，选择具有较高审美价值的文学作品，适当降低理解难度，从易到难，逐渐提高学生理解能力。同时，教师还可以将理性的知识点和感性理解相结合，提高学生对汉语言文学美学价值的认知。

汉语言文学本身具有极高的美学价值，因此它通常作为审美教育的排头兵而存在。在社会转型、更加注重竞争力和可持续发展的今天，培养学生审美能力，提高学生文学素养和艺术欣赏水平，是提升学生全面素质、顺应时代发展潮流需求的必然之举，同时它对于促进社会的可持续发展也具有积极的意义。

第三节　汉语言文学的特性和审美

汉语言文学包括的内容十分广泛，涉及的领域较多，目前，越来越多的国家开始重视学习汉语，这表明汉语的魅力之大。本节具体地分析汉语言文学中的审美。

一、汉语言文学的特性

汉语言文化是中国文化传承的主体，是我们的母语。汉语言文学教育是为了培养我国良好素质的人才，让汉语言文化得到发展。目前，汉语言教育是一门比较重要的学科。中国文学、世界华文文学、汉民族文学组成了汉语言文学。世界华文文学就是汉语在世界上表现出来的特点。汉语言文学是一门人文学科，我们要把握其特性，感受其中的文学魅力，培养学生的人文素养，让汉语言文学对学生产生深远的影响。

二、古汉语言文学的审美

在古代，要想在实际创作中表达美的感受，是一件非常难的事情。因为在古代容易把语言和审美区别对待，经常顾此失彼。比如法家的作品，教育的就是人们要懂得用法，强调的是法的重要性，但是这些文章毫无美感，让人没有读下去的欲望，就好像现在有些教学活动一味地传授知识，无法引起学生的兴趣，还有一种就是只注重文学的美感，一点实用性都没有。

古代汉语来源于生活。在学习古代汉语言文学的时候，会研究文学中想表达的内容，有什么样的意境，这些意境都来自生活中的灵感，经过作者的渲染，往往能表达出想表达的情感。所以，在解读古代汉语言文学的时候，要善于思考其中的意境。"山重水复疑无路，柳暗花明又一村"这句诗所渲染的气氛就是从不同的角度来看同一件事物，结果是不一样的。作者通过一波三折的描写，让读者有了想读下去探讨其中缘由的意愿，同时还让读者领悟了道理，是文学与审美的结合。汉语言文学就是通过身边的事情来阐述某些道理，让读者有所思考，有所启迪。

古代汉语言可以侧面描述内心观点。我们常常会发现古代诗人通过诗歌侧面表达自己的心理感受，描写得非常形象。这就说明古代汉语能够全面地表达作者的内心世界。在唐代著名诗人李白的诗中，我们常常会感受到他心中所想，及所发出的感慨，比如《早发白帝城》就抒发了作者流放途中遇赦而返的心情。通过景物描写，读者能够体会作者的内心世界，也能够明白作者想要表达的是什么情感。

在传媒时代，时代不同了，创作文学的环境也有所变化，表达的形式开始不一样，对于文学的审美也有所影响。20世纪20年代，由于五四运动的兴起，人们开始思考文学审美、人性等。在那个政治混乱的年代，作家以及诗人都在思考历史，揭露当代社会的黑暗，这种沉思和揭露，像大海中引航的船只，引领着我们。同时他们在对现实进行沉思的时候，让文学更加有了力量，也更多地抒发了群众的心声。在那个年代对于文学的审美，可以将沉思当作主题，当时的人们追求人生的解放，面对复杂的人生，总是会进行深刻的沉思，这使20世纪20年代的文学呈现出一定的特性，而这些特性中，最重要的就是拥有一定的理性、审美的色彩，有正面的，也有反面的，也使作家将自己忧国忧民的情怀表现得淋漓尽致。

汉语言文学中最重要的要数语言的审美，因为在不同地区，人们对汉语言的审美标准不同。正是由于汉语言文学的学科属性，使汉语言学习者的文学能力以及文学素养都能拥有很高的造诣。在汉语言应用的过程中，语言的运用具有很强的规律性。我国地域辽阔，人口众多，少数民族之间的语言有所不同，不同地方的语言也有所不同。普通话是所有国学语言的标准，汉语的审美要向普通话靠拢。但是在实际生活中，南方区域很难分清卷舌音；而北方区域的普通话虽然较南方强一些，但是由于北方人对卷舌不是特别敏感，发音不够标准，也不能准确地说出一口流利的普通话。所以，在口语方面的审美存在地方差异。

汉语言文学中的代表就是古代诗歌，因为这些诗歌一般都朗朗上口，对仗工整，能够表达深刻的感情。诗歌大都采用华丽的语言来描写景物，或者运用白描的方式来真实地描绘景物，有的诗词用词鲜活，有的诗词则是简单明了，一语中的，有的诗词则是在其中蕴含深刻的道理，通过正面描写景物，或通过侧面描写，来反映作者的心中所想。有些古诗中的悲剧描写并不是真正的悲剧，而会为读者带来强烈的震撼，而非悲伤；有些古诗中的喜剧则不尽然是读者的趣味所在，而往往是一种反讽，来揭露某些现象，挖掘事物的本质。这就充分体现出诗歌审美的另一种形式，帮助一些汉语言文化的研究者更深层次地领悟汉语言文学的真谛，感受汉语言文学中的美感，形成汉语言文学的审美标准。

处在不一样的时代，汉语言文学会有不一样的审美。在对汉语言文学进行研究的过程中，有些人难免会出现一些错误，我们应该用辩证的眼光去看待这一问题。为了让汉语言能够在世界范围内发扬光大，需要更多的研究者投身于汉语言文学。

第四节　汉语言文学审美教学方法

语文是人类文化的载体，承担着丰富学生审美情趣、人文素养等重要功能。审美教育在汉语言文学中的渗透，对于提高汉语言文学的质量有着重要的作用。然而现如今部分院校的汉语言教学中还存在学校不够重视、教学模式落后等问题，严重制约了汉语言文学教学工作的有效开展。因此，教师应该对此加以重视，努力培养学生健康高尚的审美情趣。

汉语言文学教育是一个充满人情味的审美过程。在教学过程中，教师要积极挖掘教材中的审美要素，高度重视美的熏陶，从而激发学生对汉语言文学的热爱。将审美教育融入汉语言文学教学过程中，是深化语文教学改革的一项重要内容。不仅如此，在激烈的市场竞争中，审美素养也逐渐成为增加学生竞争力的必备职业素养，所以高校需要重视汉语言文学教学中的审美教育，从而提升学生的文学鉴赏力。

一、审美教育在汉语言文学教学中的现状

文学作品的鉴赏需要学生具有深厚的文学素养。因此，在教学过程中，教师应该更加重视对文学作品的写作技巧和行文结构的安排，从而加强学生对文字的理解能力。目前，我国部分院校的课程设置不够科学，主要表现在院校审美教学的课时不够，内容不足，教学方式不够新颖，从而造成汉语言文学专业讲解不具有深度，学生的专业技能难以强化。另外，很多学生虽然选了这个专业，但其实并不喜欢它，内心抗拒并且缺乏专业认同感，导致学生学习积极性不足和专业文化素养的缺乏。

二、提升审美教育的教学措施

（一）结合教材，挖掘审美因素

罗丹说："生活不是缺少美，而是缺少发现美的眼睛。"小学语文教材中以优美的语言反映了社会之美、自然之美和艺术之美，这就要求语文教学要根据不同教材发掘不同美的因素，渗透审美教育，使学生感受美。

社会是丰富多彩的。社会的美是指心灵美、人格美、精神美等，是指人的思想方面的美。被选进语文教材中的艺术作品比现实更具有典型性，因而语文教材中的文学作品更能引起人们的共鸣，对于人们的感染和熏陶更为强烈。

自然界的美更加精致，更加细腻，更加激动人心，语文教材里对于自然之美的描写也不在少数，如巫峡的壮美、大海的柔美，这些都是大自然的美丽姿色。教材中关于美景的描述使我们在掌握语文知识的同时，领会祖国山水的秀美壮丽，从而培养审美情操。

艺术美是社会美、自然美的集中体现。诗歌的音乐美、散文的韵律美、戏剧的冲突美、小说的整体美，都能勾起我们审美的冲动。另外，文章精巧的构思、质朴的语言、丰富的想象等都体现了教材中蕴含的审美艺术。

（二）结合情感，激发审美的渴求

任何题材的文章都具有感情。每一篇文章都是作者呕心沥血之作，包含着作者对现实生活的深刻认识，并且倾吐着作者对人和事的深厚感情。在教学中，教师要将学生带到文章强烈的感情中，这首先要求教师全身心地投入教学中，从而激发起学生对审美的渴望。教师的情感来源于对教材的理解，只有思想启迪带来的浓郁的、真实的情感，才能与学生产生撞击，从而感染、教育学生。

例如，《最后一课》这篇文章就可以引起学生强烈的情感共鸣。课文中的爱国情与学生被激发出的感情自然地融合在一起，在情感共鸣的波涛中，学生不仅学习到了知识，又得到了审美艺术的增强。

（三）采用听、说、读、写的训练方法，实施审美教育

首先，我们可以通过朗读来体会文章的音律美。悦耳的声音、适宜的节奏、起伏的语调，可以激发学生对美的兴趣和追求，对提高学生的语言修养有着不可替代的作用。教师的朗读尤为重要，教师声情并茂的朗读，可以引发学生情感的共鸣，快速调动学生的形象思维，进而深入体会文字中和谐统一的声韵美、参差错落的节奏美和情景交融的意境美。

其次，我们可以运用媒体来领悟文字中的意境美。文字中的感情要通过想象和联想才能感觉到，这就是文学欣赏的间接性。因此，在很多时候，教师可以运用媒体进行气氛的渲染，从而使学生更加形象地感受到文章所要表达的感情，尽情地陶醉在美的艺术氛围中。

再次，教师可以通过板书显现出篇章的结构美。好的板书不仅能激发学生的学习兴趣，还有助于学生对课文内容的理解。精美的板书还可以带给学生美的感受，从而提高学生的审美能力。

最后，我们还可以通过实践操作创造美，比如布置寝室、美化教室、文艺演出等。在社会环境中，每一个学生都要进行交际活动，这就为学生提供了一个创造语言美的空间。语言美不仅可以改善人际关系，还可以体现社会中人与人之间崇高美好的思想境界。

综上所述，审美教育是汉语言文学课程教学的重要组成部分，可以在很大程度上提高学生的市场竞争力。因此，各大院校应重视汉语言文学教育中的审美教育，强化教师的审美教育思想，帮助学生提高感知能力和艺术素养，激发学生审美创造的兴趣和情感。

第五节　汉语言文学中语言的审美意境

汉语经历了从文言文到白话文的演变过程，对于国际国内都有着深远的影响。本节对汉语言文学中语言的审美意境进行分析，从人际交往、阅读等方面分别阐述汉语言文学语言的意境美，以及如何提升汉语言意境的途径。

一、汉语言文学中语言的审美意境

（一）人际交往

随着社会的发展，人际交往关系越来越复杂，每个人只有不断提升自我的人际交往能力，才能适应发展的需要。经济一体化的背景下，各国之间的经济贸易往来以及文化交流越来越频繁，但我国对于汉语言文学的培养依然以应试教育为主，这种方式只注重考试能力，阻碍了汉语言文学的传播，使学生的汉语表达能力欠缺。因此，提升学生的汉语言文学素养需要从教学基础出发，重视学生的语言表达能力，注重提升学生的交往能力，增强学生对汉语言文学的审美意识。

（二）阅读理解

文学的理解能力主要取决于对文学语言的掌控程度，只有熟悉与熟练掌握汉语言文学的语言内涵，才能充分理解其表达的内涵与美学意境。在这一前提下，就需要我们主动了解汉语言文学作品中所蕴含的语言、文字的内涵。阅读过程不仅是对语言文字的理解，还要感悟其中的深层次内容，通过长时间的培养，提升人对汉语言文学语言的独立分析能力。这种素养并不是一日之功，需要阅读大量的文学作品，并通过了解作品的时代背景、文化特点来赏析其意境美。

二、汉语言文学中语言的意境

中国5000多年的历史文化底蕴，创作出无数优秀的文学作品，诗词、散文、小说等不同文体的汉语言文学丰富了我国的历史文化。这些不同体裁的汉语言文化都基于创作者的真实生活与情感体会，并在此基础上运用汉语言规律，创造出不同的艺术手法。意境来源于生活，不同的作者有不同的人生经历、不同的历史背景与不同的性格，所表达出的情感也有所不同，从而使不同读者在阅读时能结合自身经历引发思考。

三、提高汉语言文学中语言应用和意境分析能力的措施

（一）加强经典篇章的背诵，在潜移默化中提升文学鉴赏能力

背诵对于初学者来说是一种简单易学的途径。中国5000多年的历史长河中留下丰富的汉语言文学作品，对文学作品进行分析与背诵，有助于我们掌握汉语言文学知识，尤其是对经典篇章进行背诵，熟记于心，是深入体会文学内涵的有效方式之一。只有熟悉文学作品内容，才能根据文学作品所处的年代、背景，分析其表达的内涵，从而掌握作者的叙述手法，体会作者表达的意境，深刻体会作品的意境美。

（二）重视文章朗读，体会文学作品的韵律美

朗读训练对文章理解也起着重要的作用。在发声过程中，朗读者可以对文章的字词进行深刻的理解，运用或豪迈或舒缓的节奏朗读不同的作品，可以清楚地掌握文章的风格，了解作品所表达的情感，总结文学作品阐述的道理，增强自身的语言表达能力与语境分析能力。

（三）勤于动脑动笔，深入掌握语言应用规律

在汉语言文学中，语言意境的表达需要读者认真观察生活，在细节中寻找人生哲理，丰富自身阅历，完善知识结构，修身养性。在阅读过程中，学习者要了解作者的思想内涵，可通过书面表达来增强语言的表达能力，在语言文学创作中笔耕不辍，重视人物与景色的刻画，通过对比分析了解自身的优势与缺点，从而不断提升文学素养。还可以通过意境提升层次和美感，增强文章的感染力。另外，学习者还可以和文学爱好者进行交流，品析作品。在现实生活中，每个人的人生经历、生活背景、文化程度不同，对作品的理解也

有较大差异，这就需要我们在语言应用与意境分析中结合他人的看法和自身的理解，提升对作品的分析能力，增强思维的深度与广度。

综上所述，汉语言文学作品的内容丰富多彩，体会汉语言文学作品的意境需要我们深入了解作品的主旨、背景，以及作者身处的环境，采用的艺术手法等。我们可以通过通读文章、科学朗读训练、鉴赏与阅读深入了解作品。随着人的年龄及阅历的增长，对于同一作品的理解也会有所不同。这就需要我们不断提升自身的文学修养，体会汉语言文学的魅力，学习汉语言文学传统文化，提升对汉语言的应用能力，将汉语言文化发扬光大。

第五章 汉语言文学写作研究

第一节 汉语言文学写作相关问题

目前,部分高校的汉语言文学专业的写作课存在写作理论与学生实践脱节、课堂教学与写作训练脱节、教材编排与学生生活脱节等问题。要改变这一现状,必须从教学观念、教学模式、教材编排等方面进行改革,实行写作能力延续性训练,使汉语言文学专业学生的写作训练从大一到大四不仅具有阶段性,而且具有延续性,切实提高学生的写作能力。

在高校汉语言文学专业课程中,写作是一门重要的基础课,也是一门实践性很强的课程。一方面,学好这一课程对其他各门功课都大有益处,小到课程作业的阐述、课程论文的写作,大到毕业论文的撰写,都需要学生具备扎实的写作基本功;另一方面,写作作为一项能力,是学生毕业后走向社会从事各项社会工作的重要技能。这门课程的技能性、综合性特点,要求写作教学无论是在课程学习中,还是能力提高上,都必须进行大量的实践训练,才能获得良好的效果。可是在实际的写教学过程中却存在一些不尽如人意的地方,需要广大教育者在教学中进行探索和改革。

一、写作教学中存在的问题

在大学汉语言文学专业课程中,写作课是培养本专业合格毕业生的必修课,写作能力是体现该专业学生综合素质的重要指标。长期以来形成的一些教学模式、教学观念和教学方法,让学生经常产生类似的感慨:"学起来似乎有兴趣,实际写作水平却难提高。"写作原本是一门应用性、操作性很强的课程,学生学过之后为何收效甚微呢?我们可以从教师和学生双方理性地分析其原因。

(一)教师教学中的问题

从教师教学角度来看,无论是写作课的教学内容安排,还是教学方法都存在一定问题:

1. 在教学内容上重理论、轻实践

当前汉语言文学专业的写作课教材大都分成两个部分,前半部分是写作理论部分,笔者把它叫作"大理论",即从宏观的角度,讲述文章的主题、结构、语言、表达等文章一般规律;后半部分是各类文体理论,笔者把它叫作"小理论",讲的是各种文体的特点、要遵循的写作规律、文体格式及要注意的事项，等等。教师教学很容易进入一种从理论到理论的空洞教学模式，这与真实的写作活动和学生的生活实践有较大差距。学生在学习过程中，教师也会布置作业，如练习写几篇文章，由于该项作业缺乏系统性、连续性，练得又太少，所以很难有大的提高。而且这些练习可能与学生的学习生活脱节，与未来的职业缺少真实的联系，这就造成学生所学的知识很难转化为实际的写作能力，难以与未来的职业生活接轨。

2. 在教学方法上重视教师的主导作用，而忽视学生的主体作用

部分大学的写作教学比较重视教师的主导作用，教学中习惯于把教材的理论知识和学生练习作为教学依据，侧重对文章的主题、结构、语言、表达等方面做静态构件的分析，认为学生掌握了这些东西，就自然而然地提高了写作能力。实际上这样的教学只抓住了文章外显的构成因素来指导学生"写作"，却忽略了写作过程是作者的一种复杂的精神劳动，也是内部复杂的认知操作行为过程。这种教学方法忽略了学生的主体作用，忽略了对写作训练的关注，从而导致学生只知道应该"写什么"（比如知道什么是好主题、好结构、好语言、好表达等），却不知"如何写"（怎样去确定好主题、组织好结构、选用好表达方式、选择好语言），所以到最后，学生还是不知如何写文章，写作能力提高得十分缓慢。

3. 在写作训练上存在盲目性而缺乏延续性

大学里的写作课程大都在大一开一个学年，课程结束后，学生写作训练只是在大一时完成有限的几篇作文练习，加上教师布置作业时也有较大的随意性，系统性和目的性很难达到。到大二之后，不少学生的写作就处于完全自由和自觉状态，除了应付某个课程作业（比如某个课程须写一个小论文做考查作业）外，很多学生干脆就"停笔歇业"，直到大四要写毕业论文时，才重新拿笔写作。这样的写作训练缺乏延续性和全程性，效果也就可想而知。

（二）学生写作中的问题

从学生写作情况看，由于写作缺乏计划化、延续性训练，大学四年下来，学生的作文普遍存在以下问题。

1. 内容上缺乏真实性

"做真人，说真话"，本来是为人处世的行为准则，也是提笔作文的准则。我们太习惯为作文而作文了，获取考试的高分成了许多学生唯一的目标，所以，长期以来，我们看到的文章，从内容上大多存在"四不"现象：写自己不实，写亲人不亲，写学校不新，写社会不深。急功近利的写作态度让学生写作时缺诚信，少真诚。不少学生为应付教师布置的任务，不惜采取"抄袭"或"下载加改头换面"的方式，交差完事。

2. 主题上缺少创造性

文章的主题来自写作者对生活的高度富有见地的提炼。主题的平庸，往往根源于思想

的平庸。不少学生对身边的人、周围的事、心中的情熟视无睹，更不能从生活中捕捉鲜活感人的细节，不能换个新的角度去审视身边的问题，不能从平凡的人物事件去挖掘振奋人心的精神，这样写出的文章，只能是老生常谈。

3. 情感上缺少独立性

在情感上，作文的本源是要"写我之见，抒我之情"，一切皆"着我之色"。但很多大学生习惯于高中时为分数而作文的俗套，很少从"我"出发写生活，不敢打上浓烈的"我"的烙印，即使写"我"，也不能很好地认识自我，出现一般化、泛化现象，因此其语言、结构上显得空乏、老套、无个性。

4. 语言上缺乏准确性

教师按常理，汉语言文学专业的学生最先过的应该是语言关。但是教师在批改学生习作时经常可以发现，有不少学生连最基本的"文从字顺"都做不到。如遣词不够讲究，造句前言不搭后语，错字、别字不太在乎，标点符号使用不当，卷面写得不够干净，字体写得不够美观得体，等等。

从表面看，这些现象好像是教师或学生各自的问题，实则是一个问题的两面。要改变当前写作教学的这些问题，就必须彻底改革传统的写作教学思维模式、训练模式，以及训练的时间和空间。

二、写作教学改革的方向和对策

1. 改变教学思维模式

在大学写作教学中，写作教师通常形成了一个较为固定的思维模式：认为只要教好理论知识，学生掌握理论知识，就自然会把理论运用到作文中，实际上这只是教师的一厢情愿。学习写作理论是必要的，但教师必须明确：学生只有通过不断实践，才能使理论逐步转化为能力，才能切实提高写作水平。写作训练不能局限于某种技法和体式的训练。写作的综合性和实践性特点告诉我们：写作这项复杂的精神劳动，其写作过程及其产品都是作者综合素质的反映，写作训练要求教师要培养学生健全的人格，陶冶健康的情操，开发全面的智力，还要具备很强的思维能力和语言表达能力，这些都不是一时一刻可以完成的，而要经过长期反复的实践。

因此，在教学中，大学写作教师要改变现有的教学思维模式，教师不仅仅是"讲师"，还要是"训练师"。如果把教学过程看成一台戏，教师是"导演"，学生是"演员"，戏必须让学生登台演出，提高他们表演的积极性，教师要做好"点拨""引导"工作，让学生在不断的练习中体会理论，真正把理论融汇于实践中。

2. 细化学生训练模式

马克思主义理论告诉我们系统科学的理论永远是一切行动和实践的指南，写作理论对于写作实践的指导意义不言而喻。反观中学时代的作文教学，不少教师进行过多种多样的改革，有的训练思维，有的训练速度，有的注重知识的拓展，有的注重技巧的培训，不一而足。但其中还是存在写作理论的零碎与僵化、写作体验的被动与无奈、写作结果的肤浅与粗糙。探究其根源，缺乏系统、科学、完整的写作理论指导是一个重要原因。进入大学后，大学生学习环境相对自由，思想氛围相对活跃，情感体验相对丰富，这些应该更容易激发大学生多年来受到压抑的写作冲动和写作欲望，但是他们的灵感、欲望、朝气、自信仿佛都被慵懒冲淡了，还习惯于中学时代所养成的写作方式，不在意什么理论，对思想和体验也浅尝辄止，致使很多有才华、有潜力的大学生最终日渐平庸。

怎样将大学里学到的系统、科学、完整的写作理论转化为真正指导学生作文的积极因素呢？笔者根据多年的写作教学实践和对写作教学的思考，2008年申报了省级教改课题"汉语言文学本科专业写作能力延续性训练的研究与实践"，以期通过这一课题研究，从传统写作课的教学模式和教学方法中解脱出来，从注重理论知识讲授而忽略写作训练的训练模式中解脱出来，让汉语言文学专业写作能力的训练从大一到大四贯穿始终，使写作能力的训练既有阶段性又有延续性：即大一时注重一般文体训练，重点在于记叙文和议论文训练，适当训练文学文体，为后来的训练提供写作基本功；大二重点训练实用文体；大三训练课程论文；大四主要训练毕业论文。使整个学习过程有目标、有重点、全程化，从而使学生树立正确的写作观，养成良好的写作习惯，进一步提高写作能力，为今后从事中学作文教学，或者从事文秘、行政工作，或进行相关专业的深造奠定较为坚实的基础，让他们成为真正符合市场经济需要的实用性人才。

具体做法如下：大一时重点在讲授写作理论的同时，加强一般文体（重点在记叙文和议论文）训练，要求学生训练篇数不得少于50篇，此项主要由任课教师督促完成。本学年完成后，将50篇结集成册，要求设计出封面、目录、前言、后记等，并进行评奖。此举旨在培养学生写作的基本功。大二时重点训练课程论文，要求其他任课教师配合，每门课不得少于2篇的课程论文，由专业课教师督促完成，把情况汇总给写作教研室。大三时重点训练实用文体，写作教师跟踪。大三时结合社会实践，训练社会实践中运用得比较频繁的应用文体，不得少于40种。大四时重点训练毕业论文的写作，由论文指导教师配合，重点训练学生的初步科研能力，要求写出格式规范、内容有一定创新的论文。以期通过这种大学四年都有训练目标、都有训练内容的教学模式，改变现在的写作教学现状。

3. 延伸训练时间空间

传统的写作教学中，有的重视基础知识传授，有的重视文体写作，有的注重方法技巧的操练，但都限于大一阶段，并且数量少、程度浅。不论哪种情况，都不利于全面提高学生的写作水平。再加上纵向（时间）上没有考虑写作技能训练的延续性、全程化，横向（空间）上没有向其他课程的渗透，因此存在不少弊端。为改变这一现状，笔者想通过进行延续性写作训练的改革，打破原有的只重视理论或只强调训练的教学模式，通过四年不同文体、不同阶段的训练，让教学从课内向课外延伸，让写作课向其他课程延伸，具体做法如下：

从时间上说，将写作训练由大一延伸到大四。而且每一阶段都有训练的内容，以全面提高学生的写作能力。

从范围上看，由写作课渗透到其他专业课。从写作课的作文训练延伸到课程论文、毕业论文，让其他教师参与，以提高写作的督促、训练的广度。

从深度上看，从基础写作拓展到应用写作，再到研究性写作（论文写作），使写作水平不断升级。

社会在不断发展，人的认识在不断深化，大学写作课也将随着社会的发展变化而变化。这种变化对学生整个人生发展起着重要的基础作用。

大学阶段是每一名学生成长的重要阶段，大学生是一个具有鲜明特色的写作群体，大学写作也是具有独特阶段的写作现象。写作教师在指导学生进行写作训练时，应将系统、科学的写作理论与具体的写作训练相结合，让他们在理论学习和写作实践中学习写作，在写作中充实自己，完善自己，提高自己，使大学生写作水平获得可持续发展和可持续提高，从而成为适应社会需要的专业人才。

第二节　汉语言文学写作的技巧

写作技巧是展现作者写作意图的基础条件。正常情况下来看，作者通常都是以某种写作意图为基础进行写作活动的，其中的写作意图就是作者想要通过创作表达怎样的思想以及描述怎样的生活，或通过相关表达实现怎样的目的，想要实现写作意图就要掌握各种写作技巧，才能更加直观、灵活地表达自己的想法。

一、汉语言文学写作过程中的主要问题

（一）内容缺少真实性

说真话、做真人不仅是一个人生存的基本准则，还是汉语言文学中的写作基础。而学生在考试压力下，经常会因为追求高分而进行写作，由此从一开始，学生的创作目标就错了。在学生写作过程中经常出现以下问题：写社会不深、写学校不新、写亲人不亲、写自己不实。这种功利性的写作态度导致学生在创作过程中缺少真诚，大部分学生通常只是为了完成教师所布置的任务，甚至会为此而出现抄袭等现象。

（二）主题创造性不足

汉语言文学的创作源泉就是生活，通过对生活进行高度凝练形成文章主题。而思想平庸，就会导致主题的平淡。大部分学生在日常生活中对于周围的事和人通常会持一种事不关己的态度，不懂得从生活中汲取灵感，经常从固定角度来看待问题，不懂得转变思想，无法在平凡的生活和人物中挖掘伟大的精神，这样写出来的文章也注定平淡。

（三）情感独立性不够

从情感角度分析汉语言文学，主要就是抒发自己的情感，写自己的感受，所有一切都赋予自身的特色，但是大部分学生很少会从自己的角度出发理解问题，不敢将自己浓烈的特色刻印上去，即便是写自己，也无法准确地认识自己，经常出现普泛化和一般化等现象。从而影响文章的结构和语言，让整个文章的结构、语言显示出一种无个性、空乏的特点。

（四）语言不够准确

汉语言文学中的基础性要求就是语言的准确性。为此，写作的首要关卡就是语言关，但是在学生写作过程中经常出现语句构造等方面的问题，比如标点符号使用不当、错别字以及造句前后不搭等。

二、汉语言文学写作技巧

（一）通过感性思维创作

感性思维主要就是人们利用自身感官，比如皮肤、舌头、鼻子、耳朵、眼睛等器官来感知世界中的热能、声波、光波等因素，在一定的刺激下，将信息传输到中枢神经中，随后经过相关处理，能够产生一种感性信息。感性思维是通过体验和感知来认识世界的。汉语言文学中的写作过程比较倾向于通过感性思维进行写作，为此也将文学作品看作感性思维的成果。文学是人们表达情感的主要渠道，通过感性思维进行创作，在感性思维中，作者也需要丰富情感，并将自己潜意识中的激情充分调动起来，用文字表达自己感受到的一切事物。而读者在阅读后才能获得诗意的感性。为此，学生在汉语言文学的写作过程中应将自身的个性特征在文学作品中充分展示出来，其中就包含思维个性。

（二）运用个体意识写作

个体意识主要就是人在认识自己与客观世界之间的关系时，从主动和主导的角度出发，认识到自己拥有独立自主的人格，同时还是命运的主人。在汉语言文学的写作过程中，写作者应该注重使用个体意识进行写作。文学是一种展示自己的方式，文学表现越忠实，自身的成就感就越大。文学写作写的是作者的喜怒哀乐，阐述的是作者的内心情感。就像著名作家沈从文所提到的，所有作品都应该拥有自己的个性特征，同时渗透作者的情感和人格，想要实现这一目标，在写作过程中，就应该做到彻底独断。沈从文的《萧萧》中就描述了萧萧作为一个童养媳的生活，而这一主人公的原型其实就是沈从文的嫂子。沈从文亲身接触了童养媳的日常生活，童养媳失去了自由，也没有女性的独立人格，从而给作者的内心深处留下深刻的印象。因为作者拥有不同的个体意识，其内心感受也存在较大的差异，其处理作品的方式也有较大的差异。文学写作属于一种创作性活动，因此需要具备独创性，才能避免千篇一律。

(三) 设身处地思考

写作者将自己彻底融入汉语言文学的整个写作过程中，通过自己的认识、见闻、体验和经历，引导读者走进自己创建的情境中，让读者悟其理，感其情，传其意。即使是虚构的文章，也应该将自己变成其中的线索人物、目击者和参与者，如此才能和读者之间产生情感共鸣。尽管写作的材料并非全部引向真实的生活，但是创作本来就是以生活为基础的，为此，写作者在写作过程中要避免无病呻吟。教师应该科学引导学生描述自己的内心世界，将自己的所思所感通过自己独特的语言阐述出来。学生在创作中往往带有活泼、清晰等特点，在幼稚中带有一定灵气。而部分学生在创作过程中会出现没有材料、写不出来等问题，主要就是其不相信自己所说所想，从而导致其在写作之前，总想要华丽一些、规范一些，并迎合某些东西。汉语言文学中的写作并不是辞藻的堆砌，而要融入写作者深层次的思考。

(四) 剖析心灵深处

和汉语言文学中的写作相比，通常学生的私人日记水平反而会更高，更加真实，富有生气。出现这一现象的主要原因就是学生在创作作品时不能将真正的自己解剖出来，实际上敢于露丑反而比空洞的内容拥有更好的效果。真挚是文章的核心灵魂，在写作过程中，写作者就应该关注生活，将自己的所思所感和所见所闻真实地反映出来，表达真实的喜怒哀乐。只有如此才能将被动转化为主动，将痛苦的写作过程变成一种愉悦的享受，从而提高文章的可信度和真实性，彻底改变现有的写作现状。

(五) 注重细节描写

写作前，写作者应该学会感知生活的细节，用心观察生活中的人和事，做一个有心人，不能漏掉生活中每一个微小细节，而应不断积累生活中的感动内容，并将其记录下来。在汉语言文学的写作中，写作者应该利用自身情感载体，描述出对生活的真切感受，创作出情感真实的文章。比如在《隔着代沟，我看见了您》这一文章中，作者就是从情感触发点入手，在父亲不经意间显露出来的白发中，看到了和父亲之间的代沟。尽管人的情感属于意识性活动，但是情感活动又是从现实生活的刺激中产生的。也就是说，人类的情感和特定的物和人相关，尤其是某一强烈情感的爆发通常是从某一触发点开始的。在写作过程中，写作者应该抓住情感触发点，带动情感的抒发。

综上所述，写作技巧是完成文学作品的主要组成因素，没有写作技巧也就没有文学作品中的艺术性，会大大降低文学作品中表达情感、反映生活的美感。这种艺术性是由作者的写作技巧、创作方法和世界观决定的。在实际的文学作品中，艺术性就是作家在基础世界观指导下，灵活使用多种写作手法从而创造出各种拥有较高审美价值的典型形象。读者在阅读这些作品时也能从中获得愉悦的审美体验。

第三节　汉语言文学专业写作实践教学

在探索汉语言文学专业改革的过程中，我们始终将"能写会说"定位为专业的核心能力，各措并举强化写作训练。为了进一步推进写作实践教学改革，探索写作实践教学新模式，我们率先在黟县屏山村建立了汉语言文学专业实践基地，带领学生在特定环境中深入生活，参加劳动、采访、调查等多种写作实践活动，让学生贴近生活、贴近心灵、贴近应用来进行写作，这极大地提升了学生的综合素养和写作能力，使作品的真实度、艺术性、感染力、说服力和文本的规范意识都得到显著提升。

同时，我们注重打造写作类、语言类课程群，积极开展课程建设和课程教学改革，不断强化"写""说"能力培养，切实提高教学效率。其中，对写作课的实践教学这个以往较为薄弱的环节，我们采取了一些举措推进教学改革，也取得了一定成效，但同时也发现一些新的问题。为了解决这些问题，根据《安徽省地方应用型高水平本科院校建设标准（试行）》的要求，我们开始着力建设校外实践基地，积极建构写作实践教学新模式，通过科学设计、过程管理、严格要求等方式，积极组织学生到实践基地开展专业实践活动，将"看""做""写""说"融为一体，在真实的环境中进行观察、体验、采访、调查、思考和写作，并要求学生及时完成各项写作任务，切实提升了学生的综合素养和写作能力，强化了学生写作文本的规范意识。这些做法获得多位著名作家、学者的肯定和好评，也得到有关媒体的报道和推介。

一、采取各项举措加强写作实践教学

在当今社会快速发展和分工大调整中，汉语言文学专业人才要成为适应社会发展、满足用人单位急需的"笔杆子"。从该专业人才就业情况看，那些具备深厚的人文素养和较强写作能力的学生，更容易受到社会和用人单位的青睐，更容易找到专业对口的工作。为此，我们一直采取各种举措，加强写作教学及写作实践。

第一，在人才培养方案设计中，突出写作课的重要地位。我们先后设置了基础写作、应用写作课，加大了写作课的学分、学时，同时在"专业技能训练"实践教学模块中，安排了较多课时开展写作实践活动。

第二，在教学理念上，倡导大写作、大实践，主张"在写作中学会写作"。所谓大写作，就是教育学生要跳出写作看写作，强调写作的开放性、现代性、系统性、创造性、审美性、应用性等，要通过全面提升自身的综合素养，建构写作与做人、写作与社会、写作与生活、写作与生命、写作与思维、写作与审美、写作与文化、写作与创造、写作与表达等相互协调、相互激发、相互提升的动态写作场，从根本上激活学生的多种潜能和写作内驱力，以避免封闭的、教条的、脱离实际的、局部的写作教学与写作训练。此外，从汉语言文学专业人才培养过程看，大写作的教育理念还强调在所有专业课程教学中都要进行写作设计，都要布置并督促学生完成相关写作任务，追求合力提升学生写作能力，而不是仅仅依靠写作课教学。

所谓大实践、"在写作中学会写作"，就是在重视写作理论指导作用的同时，要看到写作教学的根本特点就是具有很强的实践性。任何先进的写作理论如果不通过学生的写作实践转化为学生自身的写作能力与写作素养，就很难取得写作教学的实效性。正如学者赵国刚和段晶所言，要"树立实践教学与理论教学并重的教育理念，强化实践育人的重要性"，要"打破固有模式中理论与实践相脱节状态，有效地将写作理论转化为课堂及课外实践训练，真正让学生学有所得"。因此，在写作教学中，教师必须高度重视写作实践。这主要表现在以下几个方面：其一，每个教学单元都要精心设计写作训练题，组织学生进行写作，上交电子文本，制作作品课件，组织学生在课堂上演示、朗读作品，谈写作心得，师生共同参与对作品的评议和修改，切实提升学生对作品的感知力、判断力、评价力和修改能力。其二，课后布置写作实践题，要求学生开展写作实践，及时提交写作成果。其三，上课期间，要求每个学生每学期都要独立开展系列写作活动，自写、自编、自配图片、自写前言后记、自我校对，印制一本图文并茂的个人作品集，作为写作课平时成绩的考核依据之一。其四，组织学生参加各级各类写作竞赛，拓展学生写作境界，提升写作竞争力。其五，鼓励学生申报大学生创新创业项目，或参与教师的项目研究，积极撰写相关调查报告、论文等。其六，鼓励学生自主写作、合作写作，发表新闻、文学作品、论文，或为学校有关部门、社会有关单位提供实用性写作服务等。这些写作实践可以大大提高学生的写作能力。

第三，加强写作教材建设，建构便于开展写作实训的写作教学体系。为了推动写作教学改革，我们在借鉴国内优秀写作教材优点的基础上，积极组织教师开发具有本校特色的写作教材。我们明确提出"体现教改精神，构建训练体系，强化能力开发，提升教学实效"的编写宗旨，力求编写出具有创意的高质量的便于教学训练的写作教材。几年来，我们先后主编出版了《基础写作》《应用写作》《应用文写作》《应用写作训练教程》等省级规划教材，其中《基础写作》由高等教育出版社出版，在全国销量逐年增长。

第四，积极申报各级各类写作教研、课程建设项目，以教研、课程建设成果推动写作实践教学改革。多年来，写作教学团队先后申报了省级教研项目"建构现代的开放的科学而实用的写作教学体系""应用写作教学改革及训练模式研究"、省级精品课程"写作"、校级精品课程"应用写作"、校级重点教研项目"'工程化'教育理念与应用写作教学改革及课程网站建设研究"、省级重点教研项目"基于'写作育人'、创新创业能力提升的高校写作教学改革研究"，并成立省级名师工作室、省级汉语言文学专业综合改革试点等。这些工作取得了一定的成果，促进了我校写作教学观念的转变，也推动了写作教学内容、教学模式、教学方法、教学手段、教学考核方式的变革。其中，我们对写作实践教学的路径、方式和举措也进行了探索和实施，教师撰写的《建构现代的开放的科学而实用的写作教学体系》《省级精品课程〈写作〉》教学内容更新及实践》《高校〈应用写作〉教学改革的探索与实践》均获得省级教学成果三等奖。同时，我们还积极参加国内写作界的学术会议，在会上交流我们的写作教改经验，均受到与会专家的肯定和好评。我们提交的论文多次获得大会论文评比一等奖。

第五，改革写作课考核方式，将学生写作实践及成果纳入成绩考核。写作课实践性很强，如果按传统的以一张试卷决定学生成绩的考核办法，不仅不合理，也无法调动学生参与各类写作实践的积极性。为此，我们制定了《写作课教学及考试改革试行办法》，将学生写作实践的各类成果分类、分项、分级纳入写作课成绩考核，以逐项加分的方式累计学生平时分，再与考试成绩一起按比例计入学生写作课成绩，以此充分调动学生进行写作实践的积极性，实现以能力考核为主的教改目标。

二、写作实践教学面临新的亟待解决的问题

尽管我们采取了多项举措，切实加强了写作实践教学，也取得了一定成效，但在写作实践教学中仍面临一些新的亟待解决的问题。这些问题的出现既有客观因素，也有主观因素，它们从不同层面影响了实践教学的成效。其主要有以下几个问题：

第一，校外实践基地建设不足，不利于开展综合性的文体写作实训。《安徽省地方应用型高水平本科院校建设标准（试行）》提出，要着力建设"应用型人才培养基地等资源"（皖教秘高〔2018〕136号）。但多年来，我校汉语言文学专业建设的实践基地主要在校内某些部门或本市某些单位，在本市以外没有建立实践基地。即使安排学生在本地实践基地进行写作实践，也很难让学生集中一段时间独立开展各类实践活动，并根据活动情况，紧扣真实情境进行不同文体的写作实践，大多仅是安排半天或一天到某地参观，然后让学生自己写作。这类写作实践常常流于走马观花，很难深入进行观察、调查、体验和思考，从而获得有价值的发现，也很难激发学生写作兴趣和动力，写出真实可信、有个性、有创意、有见解的作品或文章。此外，有些实践基地因缺乏特色和吸引力，难以激发学生热情，缺少助力写作的内涵，也会直接影响学生写作成效。

第二，缺乏真实的写作情境，导致写作存在脱离实际、凭空想象、胡编乱造、下载拼凑、剽窃他人成果等不良现象。在开展写作实践教学过程中，大多数学生态度认真，积极参与活动，严肃对待写作，但也有些学生存在畏难情绪，对写作实践抱着敷衍了事、不思进取的态度。仅从写作实践成果的角度来看，其主要有以下几种表现：

其一，从课堂演示的学生作品看，有的作品存在严重失真的情况。教师在进行习作交流"会诊"的过程中发现，很多人物、事件、场景等方面的描述都存在细节不真实、想当然、随意编造的问题。课堂讨论中也常因写作失真问题引发学生哄笑。教师在写作教学中要让学生做到真实、准确、贴切的表达，让学生充分感受真实写作、准确写作的重要性和困难性，培养学生观察、体验、思考、写作、修改的耐心和对写作的敬畏之心。

其二，从学生做的作品集看，学生写作仍存在各种各样的问题。虽然大多数学生花了

不少心血写作、编辑排版、校对，作品集印制也十分精美，前言后记也写出了自己对写作的体验和感悟。但教师在细致审阅的过程中发现，有的学生对外界事物、现实生活和身边人的观察大而化之，不细致，不具体，缺乏深刻的体验、分析和准确的把握能力，导致写作出现很多问题，或情境不真实，或细节虚构，或前后矛盾，或没有把握事物的本质，或没有触及人物的灵魂，或没有发现问题，或没有表达个人感悟和见解等。例如，有些散文、消息、求职信、个人简历、调查报告等文体写作还存在拔高、夸大、虚构、拼凑的问题。如有的写消息，写的却是远在千里之外发生的地震、举办的国际文化节或农产品博览会等新闻事件。经核查，学生并没有去采访，而是根据别人已发的新闻稿加以编造、拼凑的，这违背了新闻写作的基本要求。

其三，从开展实践活动的写作成果看，有的学生并没有认真参加相关实践活动，写作时不能依据真实的情景或事实进行写作，造成写作脱离实际。如写新闻稿，个别学生常根据别人的报道编写一篇新闻稿"交差"。写调查报告，没有选好调查对象，没有确定调查目的，没有实地进行深入调查，没有问题意识，没有自己的发现和见解，只是从网上搜集一些材料拼凑。这样的调查报告既没有实际应用价值，也失去了对调查过程、写作过程的真实体验。

第三，缺乏写作规范意识，没有通过较多的写作训练、写作实践将不同文体的规范要求及文本的基本规范内化为写作素养，没有形成写作的敬畏感、自律性和自觉追求有效写作、完美写作、规范写作的内驱力。这一点首先表现在应用文写作上。学生虽然通过理论学习了解了有关应用文体的基本特点、规范要求，但到具体写作时就将其抛在一边，按照规范要求进行写作，而是凭想当然、信马由缰、随意写作，结果导致既文不对体，又文不对题，完全背离了写作的文体规范性、主旨切题性，最终变成了无效写作，甚至闹出写作笑话。例如，消息的导语、主体结构都有明确的内涵、分类和写作格式要求，但学生写消息时仍平铺直叙、事无巨细地进行事件描述，写出的稿子从标题到内容都不像新闻报道。再如写调查报告，尽管教师在教学中已结合文案详细讲解了调查报告的内涵、分类、特点和写作格式要求，但学生仍没有突出体现调查情况、调查分析、调查建议等方面内容，没有对材料进行有效提炼，没有对调查情况进行富有条理的概述，没有在概述的基础上多角度地深入分析，也没有形成富有见解和应用价值的调查建议等，而是习惯于按时空转换的结构方式，从头到尾叙述调查的过程，将调查报告写成长篇记叙文。

此外，学生的作品在文本格式上也常常出现各类低级错误。尽管我们在平时写作训练、写作实践方面都要求学生上交电子文本，并且特别强调文本规范，但学生交上来的习作或作品集常常出现每篇排版不统一，包括字号、字体、行间距，每段首先缩进（有的开头顶格，有的空一字，有的空三字甚至四字），标题与作者、作者与正文中间各空一行也常常被忽视等。这些虽然是一些细节问题，但对于汉语言文学专业的学生而言，直接影响学生的专业素养和形象。

三、探索写作实践教学新模式的举措与成效

目前，解决上述问题主要有两个途径。第一，树立"写作育人"的教育理念，对学生加强写作教育（包括写作诚信、写作态度、写作境界、写作意志、写作品质、写作主体性、写作自律性、写作艺术性等），并且通过写作实践处理好写作与做人的关系，"因为写作的过程，实际上就是对写作者的灵魂和潜能不断进行激活、发掘、重组和表述的过程，也是将'人'提升为'写作主体'的过程"。

第二，要创造条件，为学生提供真实的写作情境，让学生参加各类实践活动，要求学生紧扣真实的情境、人物、事件和贴近实际的写作任务进行写作，以避免学生因缺乏生活体验而进行浮泛式写作、应付式写作、编造式写作等。经过认真思考，结合我校办学实际，我们决定首先从专业实践教学模式改革方面做出新的探索。为此，我们决定在黟县屏山村建立汉语言文学专业写作实践基地。这个皖南小村被誉为"徽州风水第一村"，自然生态环境优美，文化底蕴深厚，乡风民风淳朴，历史与现实在这里交相辉映，传统与现代在这里融为一体，是全国很多艺术院校学生写生的实践基地。选择这里作为汉语言文学专业学生的实践基地，有利于将学生置身于一个陌生新奇、极具吸引力、易于开展各类活动的真实环境，以调动他们参与实践的积极性，培养他们做人做事的综合素养和专业能力，激发他们的创造潜能。为了确保这次实践活动取得成效，我们确定了本次活动的宗旨：一是瞄准国内汉语言文学专业都在加强实践教学、积极探索实践教学新模式这一教改方向，谋划我们专业改革的新思路和突破口，力图敢为人先，有所作为；二是根据我校汉语言文学专业人才培养方案中的"专业技能实习实训"的时间安排，对学生的综合素养及"能写会说"的职业能力进行一次实战式训练和具体检验。为此，我们特将此次活动命名为"屏山村采风暨写作实践活动"，将实践的具体目标确定为：亲近自然，接触底层，考察历史，观照现实，用心感悟，用笔书写，培养人文情怀，提升写作能力。本次活动要求学生在活动中注意发现传统文明的奥妙与价值，感悟现代文明的特征与风采，在传统文明与现代文明的交汇处表达现代人的思考、追求与梦想。

为了确保活动取得成效，我们对本次采风暨写作实践活动的具体任务做了明确的要求和科学、合理的安排，使学生每天都有事做，每天都要写作。主要包括：其一，文学采风。要求学生结合自己的观察、劳动、体验和思考，写作与屏山村实践活动有关的现代诗、散文、散文诗等。其二，新闻采访。要求学生根据自己独立采访的人物、事件或开展的实践活动情况写作消息、小通讯等。其三，考察调研。要求学生自主选择调查对象，结合自身的观察和思考，写作调查报告。此外，鼓励学生撰写与屏山村有关的广告词、解说词、演讲稿等实用文。其四，开展活动。即先后组织举办"行走屏山，话说实践"演讲会和"感悟屏山，抒写情怀"诗文朗诵会，以培养学生"能写会说"的专业能力。

此外，为了检验本次实践活动的成效，我们要求每位学生必须完成写作任务，制作"屏山村采风暨写作实践活动作品集"（包括个人作品集、班级作品汇编），为院部举办作

品评奖、作品展等提供素材。个人作品集是本次专业实践活动成绩考核的主要依据。个人作品集除了必须完成的作品外，每个学生还可以根据个人兴趣和写作情况，自由撰写散文诗、解说词、说明文、演讲词、活动策划书、活动总结等。所有作品均要求配置相关照片。作品集制作要求学生自行设计，力求个性化，富有创意。班级作品汇编要求以班级为单位成立学生编委会，确定主编、副主编、责任编辑、责任校对、美编等，全程由学生自主审稿、编辑、校对、印制，切实提升学生的写作能力、编辑能力和文本规范意识。

经过为期一周的采风暨写作实践活动，本次活动达到了预期目标，在探索建构写作实践教学新模式方面取得了明显成效。正如蚌埠日报记者余小乔在《探索教学新模式传统专业焕新春》的深度报道中所言："高校普遍存在的'重理论，轻实践'的课程设置倾向，通过'走出去'写作采风的课程调整，在蚌埠学院汉语言文学这个传统专业得到有效扭转。"可以说，这是我校汉语言文学专业推进实践教学改革的一次有效探索，是对该专业学生综合素养及专业核心能力的一次实地检验。其成效性主要体现在以下几个方面：

第一，这次采风实践提升了学生的综合素养，增强了他们的集体观念、团队意识、合作意识、自律意识、审美能力、发现能力、创新意识和写作能力。同时，学生普遍认为，这次实践活动使学生、师生之间的关系更加密切。正如有的学生所言："这一周，是两年大学生活以来，同学之间最为亲密的一周。""除了同学以外，跟教师的距离也拉近了。平时授课结束，教师学生各自退场，师生之间的交流少得可怜。而在屏山这一周，因为采风写作需要，还有安全方面的顾虑，师生每天都有很长一段时间待在一起。我们接触了教师们私下可爱的一面。他们会因为调侃而害羞，会因为一句夸奖而喜笑颜开，会因为美景像小孩子一样叫出声。这可爱的一面是我们平时所看不到的，一周下来，我们与教师似乎更加亲密了。"

第二，学生作品质量显著提升，有的作品甚至超常发挥，不仅洋溢着浓郁的生活气息、生命气息，还闪射出独特的悟性、灵性和思想的光芒，真正实现了作品一次质的提升和超越。正如蚌埠日报记者余小乔在报道中所描述的那样：汇总的"人人一本作品集，堆成小山一般。任意翻开其中一本，活动剪影、前言、诗歌、散文、新闻稿、调查报告、心得体会、后记，篇篇真情实感，页页图文并茂。短则16页、长则22页的作品集，握在手里沉甸甸，流露出的是学生们对于'行走创作'的渴望"。"的确，经历过大自然熏陶和人文浸染的文字，美得有点醉人：'四月的屏山，映入眼帘的是猝不及防的绿，远山黛绿，近水浅绿，竹林翠绿，桑树青绿''远山如黛眉，近水似盈目，屏山古镇宛若婉约清静的女子，傲放在四季轮回里，只余了一双顾盼生姿的水眸望长了岁月''走出校园，看暮春苍翠的树叶撑满天宇的葱然，听水流叮咚歌唱的幽静，品绿茶在舌尖跳舞的奇妙，这样的时光真像一朵亭亭玉立的莲花，在记忆里永久地芬芳馥郁'……"特别是学生诗歌、散文、实践心得的写作都达到了较高水平。随意翻开每一个学生的作品集，那洋溢着才情、充满着活力、极具艺术表现力和感染力的文字扑面而来，其中蕴含着学生敏感、细腻、惊奇、独特的发现和感悟。

值得肯定的是，在这次采风暨写作实践活动中，学生所写的新闻稿、调查报告等都贴近活动，贴近调查实际写作，没有任何虚构编造的成分。活动中，学生撰写的新闻紧扣每天开展的活动进行写作，包括举办"行走屏山，话说实践"演讲会、"感悟屏山，抒写情怀"诗文朗诵会等，学生对整个活动进程的现场报道，切实培养了敏锐观察、及时采访、快速写作的能力。调查报告则是学生独立或自愿组成调查小组，紧扣屏山村的实际，自主选择具体调查对象进行调查和写作，如《关于屏山村绿茶生产及销售状况的调查》《关于黄山屏山祭祀文化的调查报告》《关于屏山古村茶业资源的调查报告》《关于屏山村特产销售现状的调查报告》《关于徽州屏山古民居现状的调查报告》《关于屏山村石雕文化的调查报告》等，从标题可以看出，这些调查报告有较强的真实性、针对性和实用性，是学生在校园里无法写出来的。

第三，通过开展即兴演讲、诗文朗诵等活动和多种体裁的写作实践活动，学生完成了一次"做""写""说"相统一的实战训练，大大提升了他们的自主实践能力和"能写会说"的专业核心能力。这次采风过程中发生了很多令人难忘的事，如学生上山采茶、挖笋，下山跟师傅学炒茶，做采访，搞调查，师生一起修改作品，举办演讲会、诗文朗诵会等，学生那种好奇、热情、认真的样子令人难忘。尤其是学生即兴演讲时，精神处于完全放松的状态，激情洋溢，妙语连珠，有的甚至完全按照个人感受，用生动幽默的语言进行表述，场面热烈，掌声雷动。这完全出乎预料，是教师在校时没有经历过的。演讲大大拉近了学生之间的距离，师生之间的距离，增强了集体的凝聚力。此外，学生在路边、在树下、在餐桌上写作的场景给各位教师留下深刻的印象。因为这次采风，布置给学生的写作任务很重。学生因集体住宿，写作环境受到影响，于是他们就自寻地点，抓紧写作，及时完成写作任务。

第四，在教师的指导下，学生对自己在屏山村写出的作品进行了认真、细致的加工修改，并制作成图文并茂的作品集。学院组织教师遴选出部分优秀作品，制作成作品展板，在学校艺术中心进行为期两周的展览。学校领导及有关部门领导、很多师生都参观了作品展，并给予一致的好评。正在我校参加有关学术会议的省作协领导、高校专家以及皖北地区部分作家应邀参观了作品展，对此次实践活动及取得的成果给予了较高评价。安徽省作家协会副主席、著名作家潘小平为作品展题词："读万卷书，不如行万里路。"安徽省作家协会副主席（现为主席）、著名作家许春樵欣然题词，肯定此次实践活动："文字和想象带我们走向远方，走进屏山采风暨写作活动帮我们圆梦。成效显著，令人惊喜。"安徽省文艺评论家协会主席、安徽大学文学院博士生导师王达敏教授，则以"走进现场收获想象"的题词为学生们点赞。安徽省写作学会会长、安徽大学文学院博士生导师赵凯教授为作品展题词："知行合一，为蚌埠文教学院学生采风活动点赞。"

第五，院部组织专家对学生实践作品进行了评奖，并向获奖的学生颁发了奖状。同时，每个班级还成立了编委会，由学生自主确定主编、副主编、责任编辑、责任校对、美编等，对本班作品进行整理、审改、编排，按照出版要求，印制全班采风暨写作实践作品集。值得肯定的是，这次无论是个人作品集，还是全班作品汇集，都严格按照事先确定的文本格式要求，经过三校后，均达到了文本的规范要求。本次编辑、制作、印制作品集的全过程实践，大大提升了学生自觉追求文本规范、完美的质量意识，为学生以后的写作奠定了基础。

第六，这次带领汉语言文学专业学生到屏山村进行采风暨写作实践活动受到各界的关注、肯定和好评。蚌埠日报社得知我们的实践情况后，专门派出深度报道组记者进行采访，于 2017 年 7 月 21 日在《蚌埠日报》以 4000 字的篇幅发表了《探索教学新模式传统专业焕新春》的深度报道，对我校汉语言文学专业探索实践教学改革给予了充分肯定和大力推介。2017 年 9 月 6 日，安徽科技学院人文学院院长陈传万教授带领中文系主任、编辑出版系主任等一行来到我校文学与教育学院，调研汉语言文学专业建设与改革情况，详细了解赴屏山村开展采风暨写作实践活动的具体做法、过程及成效，实地观看了学生采风作品展及个人作品集，认为这种做法富有开创性，成效显著，值得推广和借鉴。我们还应邀先后参加了 2017 年 9 月在徐州召开的中国写作学会现代写作学委员会学术年会、2017 年 10 月在重庆召开的国际汉语应用文写作学会第十二次学术研讨会、2018 年 8 月 2 日在澳门大学召开的国际汉语应用文研究高端论坛，在会上介绍我校写作教学改革经验时着重介绍了我们赴屏山村采风暨写作实践的做法及成效，得到与会专家的充分肯定和较高评价。学会领导认为，蚌埠学院的这一做法富有创意和成效，值得大力推广。

在探索汉语言文学专业改革的过程中，我们一直高度重视写作课程建设，倡导写作教学改革，在积极推进写作实践教学改革方面，采取各项举措，强化写作训练与写作实践，也取得了初步成效。在黟县屏山村建立汉语言文学专业实践基地，只是我们探索写作实践教学改革的一次初步尝试，也是我们开展系列专业实践活动中的一环。我们将在此基础上，继续创建更多新的实践基地，不断探索新的实践方式，丰富活动内容，从不同角度、不同层面提升学生的写作实践能力，力求将汉语言文学专业打造成我校的特色专业、重点专业，以提升学校办学实力，培养出更多更好的专业人才，为传承中华文明、推动社会进步和发展、实现伟大的中国梦做出更大贡献。

第六章　汉语言文字阅读与理解应用

第一节　文言文基本知识

一、文言实词

在古代汉语中，文言实词的数量较大，而且绝大部分具有多义性，用法比较灵活。因此，确定文言实词在特定语句中的含义，就成为阅读文言文的一个难关。学习者积累一定数量的实词，掌握有关知识和正确的方法，是非常必要的。

（一）古今词义的异同

语言是发展变化的，有新词的产生，也有旧词的消亡，还有一些词在词义上发生了变化。相对而言，前两者比较简单，只要多识多记就可以。后者情况比较复杂，词的古义和今义既有联系又有差别，如词义的范围大小不同，词义的侧重点不同，词义的程度轻重和感情色彩不同。

根据词义适应的范围，古今异义可以分成词义的缩小、词义的扩大和词义的转移等类型。这是从今义相对于古义的角度而言的。

词义的缩小是指今义的范围小于古义，今义包含在古义中。如"亲戚"，古义指亲属，包含父母子女，今义指由婚姻而结成的除父母子女外的亲属；"臭"，古义指气味，今义专指难闻的气味。

词义的扩大指今义的范围大于古义。如"江""河"，古义专指"长江""黄河"，今义泛指"河流"；"响"，古义指"回声"，今义指"声音"。

词义的转移指词义中心在转移。如"走"，古义是"跑"，今义是"行走"；"货"，古义是"财物"或"东西"，今义是"商品"或"货物"。

（二）词的本义和引申义

词的多义性主要是因词义引申而造成的。掌握词义引申的规律，分析本义和引申义，有助于我们理解古代汉语的词义。

1. 词的本义

在众多词义中，作为词义引申起点的那个词义，就是词的本义。抓住本义是理解引申义的关键。

2. 词的引申义

引申义是由本义派生出来的，两者之间存在必然的关联。引申义与本义的关系有远有近，可分为直接引申义和间接引申义两种。

（1）直接引申义。直接引申义是从本义直接派生出来的意义。如"城"的本义是"城墙"，后来引申为"城市"，前者如《左传·郑伯克段于鄢》中"都城过百雉，国之害也"，后者如杜甫《春夜喜雨》中的"晓看红湿处，花重锦官城"。

（2）间接引申义。间接引申义是由直接引申义再度引申之义。如根据《说文解字》，"朝"的本义是早晨，后引申为"朝见"的"朝"，然后由朝见引申为朝廷，再由朝廷引申为朝代。

3. 同义词辨析

同义词是指意义相同或相近的词。但词义完全相同的词是很少的，绝大部分同义词只是部分意义相同。分析这类语言现象，便于我们理解和接受古文。同义词之间的差别是多种多样的，主要表现在以下几个方面：

（1）范围大小不同，即概念的内涵或外延不同。如"人"和"民"，虽同指人类的社会成员，但总体而言，"民"的外延比"人"小，"人"是相对于禽兽的人类的统称，"民"则是被奴役、被统治的那部分"人"。又如"女"和"妇"，"女"是女性的统称，而"妇"则仅指已婚女性。

（2）性状情态不同，即所指事物或动作的性状情态不同。如供书写用的东西，竹片做的称"简"，木板做的称"牍"，薄而小的简牍称为"牒"或"札"。同样，指称睡觉的词中，"寝"指的是躺在床上睡，"卧"是趴在几上或靠着几睡，"睡"则指坐着打盹。

（3）程度深浅轻重不同。如"饥"和"饿"，前者是一般的饿，表示需要吃点东西；后者是非常饿，不吃就难以支撑。又如"疾"和"病"，一般的病或小病称作"疾"，严重的病称作"病"。

（4）侧重点不同。如"恭""敬"二字都有礼貌、不怠慢的意思，但前者侧重于外貌情状，后者侧重于内心情感。

（5）感情色彩不同。如"诛""杀""弑"三字，"杀"字是中性词，是客观的表述；"诛"则表示对有罪者应有的惩罚，暗含对"杀"这一行为的肯定；"弑"则含谴责、否定之义，认为杀的对象是不该杀之人。

（6）语法功能不同。词性不同的词语，语法功能不同。有时词性相同，词的语法特点及功能也会有差别。如"耻"和"辱"用作动词时，前者的宾语往往是动词性词组，意为"以……为耻"，如"不耻下问"；后者的宾语往往是名词，多半指称人，如"我见相如，必辱之"。

（三）词类活用

在古代汉语中，有些词可以按一定的表达习惯灵活运用，临时改变词性和功能。准确地把握这种规律，有利于理解词的含义。这类词主要是实词中的动词、形容词、名词。

1. 动词的活用

动词的活用主要是指不及物动词的使动用法。不及物动词本来不带宾语，若带着宾语，一般要用作使动，表示主语使宾语发生了该动词所表示的动作或行为。如"焉用亡郑以陪邻"中，不及物动词"亡"本来不能带宾语，但在这里作谓语，活用作使动，"亡郑"即"使郑国灭亡"。

某些及物动词也有使动用法，但比较少见。如"谨食之，时而献焉"中，"食"是及物动词，但这里不是捕蛇者吃蛇，而是捕蛇者"使蛇吃"，可意译为"喂养"。

2. 形容词的活用

形容词的活用主要分为以下三种：

（1）形容词用作一般动词。形容词在陈述句中充当带宾语的谓语时，须活用作动词。如"益烈山泽而焚之"中，"烈"原为形容词，表示火之猛烈、强烈，但在句中是在宾语前作谓语，应活用作动词，意为"放火"。

（2）形容词用作使动。这种用法使宾语具有这个形容词所表示的性质或状态。如"诸侯恐惧，会盟而谋弱秦"句中的"弱"字为使动用法，即"使秦弱"。

（3）形容词的意动用法。这种用法表示主观上认为（觉得）宾语所表示的事物，具有这个形容词所表示的性质或状态。如"孔子登山而小鲁，登泰山而小天下"中的"小鲁""小天下"，是主语"孔子"主观上认为"鲁"和"天下"是"小"的。

3. 名词的活用

名词的活用类型比较多，这里主要介绍四种：名词用作一般动词、名词的使动用法、名词的意动用法和名词用作状语。

（1）名词用作一般动词。

①两个相连的名词，既不是并列关系，又不是修饰关系，而是动宾或主谓关系，这时前面那个名词应活用为动词。如"遂王天下"，句中有两个相连名词"王"和"天下"，这时"王"就应该活用作动词，意为"称王"。

② 名词后面紧跟代词时，该名词活用为动词。如"驴不胜怒，蹄之"中的"蹄"字作动词用，意为"用蹄踢"。

③ 名词用在"所""者"结构中，活用为动词。如"是以，令吏人完客所馆"中的"馆"字，意为"居住、住宿"。

④ 名词放在副词后面，活用为动词。如"故明君不官无功之臣，不赏不战之士"中的"官"字，意为"封官"。

⑤ 名词放在"能""可""足""欲"等能愿动词后面，活用为动词。如"左右欲兵之"中的"兵"字，意为"杀"。

⑥ 名词后面带了介词结构作补语，活用为动词。如"晋师军庐柳"中的"军"字，

意为"驻扎"。

⑦ 名词用"而"同动词或动宾词组连接时，活用为动词。如"三代不同礼而王，五霸不同法而霸"中的"王"和"霸"，意为"成就了王业"和"成就了霸业"。

（2）名词的使动用法。

① 名词用作使动，使宾语成为这个名词所代表的人或物，或使宾语产生这个名词用作动词后所发生的动作。如"尔欲吴王我乎"中的"吴王"意为"让……当吴王"。

② 方位名词活用为动词后，有时也有使动用法。如"筑室百堵，西南其户"中的"西南"，意为"使……向着西方或南方开"。

（3）名词的意动用法。名词用作意动，把后面宾语所代表的人或事物，看作这个名词所代表的人或事物。如"孟尝君客我"中的"客"字，意为"把……当作客人"。

（4）名词作状语。在现代汉语里，作状语的名词只限于时间名词和方位名词，普通名词作状语的则比较少。而在古代汉语里，名词作状语却是常见的现象。

① 普通名词作状语，表示比喻、方式、态度、处所等。如：

a. 嫂蛇行匍伏。

b. 君为我呼入，吾得兄事之。

c. 黔无驴，有好事者船载以入。

d. 夫以秦王之威，而相如廷叱之，辱其群臣。

例 a 中"蛇行"的意思是"像蛇一样爬行"。

例 b 中的"兄"，在这里作"事"的状语，表示对人的态度，可译为"我要用招待兄长的方式招待他"。

例 c 中的"船"修饰动词"载"，意思是"用船载运"。

例 d 中的"廷叱"，意思是"在朝廷上呵叱"。

② 时间名词"日""月""岁"作状语，表示每一、渐进、往昔等。例如：

a. 良庖岁更刀，割也；族庖月更刀，折也。

b. 其后楚日以削，数十年，竟为秦所灭。

c. 日吾来此也，非以翟为荣，可以成事也。

例 a 中的"岁更刀""月更刀"，意思是每年、每月要更换刀。

例 b 中的"日以削"，意思是一天天地削弱。

例 c 中的"日"可当"往日""从前"解释。

③ 方位名词作状语。单纯的方位词"东""西""南""北"等在行为动词前作状语，一般表示动作行为的趋向，翻译时常常需加介词"往""向"等。如"足下右投则汉王胜，左投则项王胜"，句中的"左""右"即为"向左""向右"。

二、文言虚词

（一）之

（1）用作第三人称代词或指示代词，充当宾语，译作"他（他们）""它（它们）""这"等。如"择其善者而从之"中的"之"，意为"它"，代"其善者"。"均之二策，宁许以负秦曲"中的"之"，意为"这"，代"二策"的内容。

（2）用作助词，放在定语和中心词之间，或中心语（动词、形容词）和补语之间，相当于现代汉语中的"的""得"，也可以不译。如"道之所存，师之所存也"中的两个"之"，和"古人之观于天地、山川、草木、鸟兽，往往有得，以其求思之深而无不在也"中的第二个"之"均属此类。

（3）结构助词，宾语前置的标志。用在被提前的宾语之后，动词谓语或介词之前，译时应省去。例如："宋何罪之有？"

（4）结构助词。"之"用在主语和谓语之间，取消了句子的独立性，使主谓短语在句中作为一个成分或分句，可不译。例如："师道之不传也久矣！欲人之无惑也难矣！"

（5）音节助词。用在形容词、副词或某些动词的末尾，起到补充音节的作用，没有实义。例如："知之为知之，不知为不知，是知也。"

（6）用作动词，相当于现代汉语中的"往"，如"自楚之滕"。

（二）其

（1）用作代词。在句中充当定语，可译为"他（们）的""它（们）的"。例如："臣从其计，大王亦幸赦臣。"

（2）用作代词。用在动词或形容词之前，作主谓短语中的小主语（整个主谓短语，在句中作主语或宾语修饰语），应译为"他（们）""它（们）"。例如："秦王恐其破璧。"

（3）指示代词，表远指。可译为"那""那个""那些""那里"。例如："今操得荆州，奄有其地。"

（4）用作副词。放在句首或句中，表示测度、反诘、期望等语气，常和放在句末的语气助词配合，视情况可译为"大概""难道""还是""可要"等，或省去。例如："其孰能讥之乎？"

（三）而

（1）用作连词。连接词、短语和分句，表示并列、递进、承接、转折、假设等多种关系，可译为"又""并且""就""接着""但是""假如"等。例如："蟹六跪而二螯。""青，取之于蓝，而青于蓝。"

（2）用作代词。只用作第二人称，一般作定语，译为"你的"；偶尔也作主语，译为"你"。例如："而翁长铨，迁我京职，则汝朝夕侍母。"

（3）复合虚词"而已"。放在句末，表示限止的语气助词，相当于"罢了"。例如：

"一人、一桌、一椅、一扇、一抚尺而已。"

(四) 则

（1）用作连词。可表示承接、假设、并列、转折、让步等多种关系，可译为"就""便""如果""虽然""倒是"等。如"故木受绳则直，金就砺则利"中的"则"意为"就"，"学而不思则罔"中的"则"意为"那么""就"。

（2）用作副词。用在判断句中，起强调和确认作用，可译作"是""就是"。例如："此则岳阳楼之大观也。"

(五) 乃

（1）用作副词。表示前后两事在情理上的顺承或时间上的紧接，可译为"就""这才"等；也可表示前后两事在情理上是转折的，可译为"却""竟（然）""反而""才"等；还可表示对事物范围的一种限制，可译为"才""仅"等。如"上乃欲变此"中的"乃"意为"于是"，"今君乃亡赵走燕"中的"乃"意为"却"。

（2）用作代词。只用作第二人称，常作定语，译为"你的"；也作主语，译为"你"。不能作宾语。例如："王师北定中原日，家祭无忘告乃翁。"

（3）用在判断句中，起确认作用，可译为"是""就是"等。例如："若事之不济，此乃天也。"

(六) 以

（1）表示动作、行为所用或所凭借的工具、方法、条件及其他，可视情况译为"用""拿""凭借""依据""按照""用（凭）什么身份"等。例如："愿以十五城请易璧。"

（2）起提前宾语的作用，可译为"把"。例如："秦亦不以城予赵，赵亦终不予秦璧。"

（3）表示动作、行为产生的原因，可译为"因""由于"。例如："且以一璧之故逆强秦之欢，不可。"

（4）表示动作、行为发生的时间和处所，用法同"于"，可译为"在""从"。例如："余以乾隆三十九年十二月，自京师乘风雪，……至于泰安。"

（5）表示动作、行为的对象，可译为"和""跟"。例如："天下有变，王割汉中以楚和。"

（6）用作连词，用法和"而"有较多相同点，用于表示转折以外的各种关系。例如："余折以御。"

（7）复合虚词"以是""是以""以此"，可译为"因此"，引出事理发展或推断的结果。例如："是以十九年而刀刃若新发于硎。"

(七) 于

"于"是介词，总是跟名词、代词或短语结合，构成介宾短语来修饰动词、形容词，表示多种组合关系。

（1）表示动作的时间、地点、范围、对象、方面、原因等，视情况可译为"在""在……方面""在……中""向""到""自从""跟""同""对""对于""给""由于"等。如"故燕王欲结于君"中的"于"意为"跟"，"洪水横流，泛滥于天下"中的"于"译为"在"，"归璧于赵"中的"于"译为"给"。

（2）放在形容词之后，表示比较，一般可译为"比"，有时可译为"胜过"。例如："冰，水为之，而寒于水。"

（3）放在动词之后，引进行为的主动者，可译为"被"，有时动词前还有"见""受"等字和它相应。例如："臣诚恐见欺于王而负赵……"

（4）复合虚词"于是"。若放在句子开头，表示前后句的承接或因果关系。例如："于是秦王不怿，为一击缻。"若放在谓语之前或之后，属介宾短语作状语或补语，相当于"在这""从这"等。例如："吾祖死于是，吾父死于是。"

（八）然

（1）用作连词，主要表示转折关系，可译为"可是""但是"。例如："然不自意能先入关破秦……"

"然"还常和"则"结合，"然"表示承接上文事实，"则"表示由此进行阐述或论断，可译为"既然如此，那么（那就）"，也可单译为"那么"。例如："是进亦忧，退亦忧。然则何时而乐耶？"

（2）用作代词，相当于口语中的"这样""如此"。例如："不然，籍何以至此？"

（3）用作助词，在形容词、名词或短语之后，相当于口语的"……地""……的样子"。例如："蒋氏大戚，汪然出涕曰……"

（4）"然"还常作应对之辞，与口语中的"是的""对的"相似。或者表示赞成、同意，即"认为是""认为对"的意思。例如："袁曰：'然，固有所闻'"。

（九）为

"为"在文言中经常用作动词和介词，也可以用作助词。用作动词，意思是"做"。还可作判断词"是"。这些都属于实词范围。下面介绍作虚词用的几种用法：

（1）用作介词。除表示被动外，一般读去声。可译为"向""对""替""给""当"等。例如："不足为外人道也。"

（2）用作介词。表示被动关系，读阳平声，可译为"被"。"为"所关联的是动作行为的主动者，有时亦可不出现主动者。有时跟"所"相结合，构成"为所"或"为……所"。例如："今不速往，恐为操所先。"

（3）用作助词。读阳平声，放在疑问句之末，表示反问，前面有疑问代词跟它呼应，可译为"呢"。例如："如今人方为刀俎……何辞为？"

（十）莫

（1）用作无定代词，充当主语。相当于"没有人""没有谁""没有什么"。例如：

"宫妇左右莫不私王……"

（2）用作否定副词，相当于"不""不能"。例如："今为君计，莫若遣腹心自结于东，以共济世业。"

三、文言句式

（一）判断句

古代汉语的判断句与现代汉语不同，不用连词"是"，而是在谓语后面加语气词"也"。其基本句式有："主语＋谓语＋也"，或"主语＋者＋谓语＋也"。例如："此王业也。""陈胜者，阳城人也。"

另外，偶尔有些不用语气词的，不太容易辨别。

（1）不用语气词，完全由词序来体现。例如："兵者，凶器。"

（2）用"为"联系主语和谓语，表示判断。例如："马超、韩遂尚在关西，操后患。"

（3）用"是"表示判断。例如："同行十二年，不知木兰是女郎。"

（4）用副词"非""乃""即""则"等表示判断。例如："子非我，安知我不知鱼之乐？"

（二）被动句

在古代汉语中，有些词语在词义上就表示被动，如动词前带有"足""可""能"等助动词时，句子往往表示被动义。还有一些句子没有表示被动的标志，只能根据上下文的文意，才能确定它是主动还是被动。如"始以俘见，卒见任使"中第一个"见"字，根据上下文，可译为"被引见"。

常见的表示被动的句式，主要有以下四种：

（1）"于"字句："及物动词＋于＋主动者"。例如："劳心者治人，劳力者治于人。"

（2）"见"字句："见＋动词"或者"见＋动词＋于＋主动者"。例如："臣恐见欺于王而负赵。"

（3）"为"字句："为＋主动者＋动词"或者"为＋主动者＋所＋动词"。例如："茅屋为秋风所破"。

（4）用"受""被""受……于"表示被动："被（受）＋动词"或"被（受）＋动词＋于＋主动者"。例如："吾不能举全吴之地，十万之众，受制于人。"

（三）宾语前置句

1. 否定句中代词宾语前置

在否定句中，指示代词或人称代词（之、我、己等）作宾语时，常常放在动词之前，否定之后。这种情况有两个必备条件：第一，宾语必须是代词；第二，全句必须是否定句，即必须有否定副词"不、未、毋（无）"等，或有表示否定的不定代词"莫"。如"每自比于管仲、乐毅，时人莫之许也"中的宾语"之"，即被前置于谓语"许"前，正常的语序为"时人莫许之也"。

2. 用代词复指的宾语须前置

用于复指宾语的代词"是"或"之",往往放在动词前面。例如:"君亡之不恤,而群臣是忧。"句中的"亡"是"恤"的宾语,借助代词"之"复指宾语即被前置,正常的语序为"君不恤亡"。

这种格式,还可以扩成"惟(唯)……是……"或"惟(唯)……之……"的格式,强调宾语的作用就更加明显。如"父母唯其疾之忧",正常的语序应为"父母唯忧其疾"。

3. 疑问句中疑问代词宾语前置

"谁""孰""何""奚""曷""安"等疑问代词作宾语时,一定要放在动词之前。例如:"君何患焉?""沛公安在?"

疑问代词作介词的宾语,也要前置。例如:"将何以赡之?"

(四)成分省略句

(1)主语的省略。省略的条件有承前省、蒙后省、承宾省、对话省,以及概括性省略等。古今汉语都有省略,但古代汉语主语省略的情况更多更复杂。例如:"楚人为食,吴人及之。奔,食而从之。"后面一句就是承前省,可译为"楚国人跑了,吴国人把饭吃了又跟上去追赶"。

(2)谓语的省略。谓语一般不能省略,但在对话中或不发生误解的情况下也可以省略,特别是动词谓语。要根据具体的语言环境,参照上下文加以补充,才能准确地理解。例如:"一鼓作气,再而衰,三而竭。"后两个分句的动词谓语"鼓",承第一个分句的动词谓语而省略。

(3)古代汉语中的介词结构有时可以省略介词。常见的是省略介词"于"和"以"。例如:"至则无所用,放之(于)山下。"

四、修辞

古代汉语中的修辞种类多种多样,有些与现代汉语大致相同,有些则用法不太相同,还有些是古代汉语所特有的。

(一)用典

用典是指用古代的历史事件或古籍中的语句,来证明或表达自己的观点和思想感情。用典有明用和暗用。典故用得恰当,可以增强文章的说服力,使文章精练典雅、委婉含蓄。如"但使龙城飞将在,不教胡马度阴山"中的"飞将",用的是飞将军李广的典故。

(二)委婉

委婉是使用谦敬语、避讳语、迂回语等,婉转曲折地把内容表述出来。

谦语是在言谈中提到自己的事情时用的,如"仆""下臣""寡人"。敬语则是对他人的尊敬，如"先生""足下""陛下"。

避讳是对一些不吉利、不光彩、不雅观的事情，加以回避、掩盖或装饰、美化。

迂回是拐弯抹角，话中有话，本来说甲事，却偏说乙事，即意在彼而言在此。

（三）比兴

比，即譬喻、打比方，是对事物做形象的比况；兴，是先借用其他事物作为诗歌或章节的开头，引起所要歌咏的事物。

兴是一种最具民族特色的表现手法，在诗歌中除了用在开头起发端作用外，还具有引起联想和比喻、加深寓意和象征、增强渲染和烘托的作用，使诗歌曲折委婉、耐人寻味。兴中往往具有比的意味，所以比兴往往被作为一个概念来使用。如《诗经·卫风》中《氓》的第三节以"桑之未落，其叶沃若"起兴，比喻女子的年轻貌美并象征男女之间的浓情蜜意。

（四）复合偏义

复合偏义是指两个意义相反、相对或相关的词在一起，但其中只有一个词起表义作用，另一个只是陪衬。如"昼夜勤作息，伶俜萦苦辛"中的"作息"，只有"作"的意思，"息"不表义，因为如果翻译成昼夜休息又很辛苦，意思是不通的。

（五）互文见义

互文见义是把一个意思比较复杂的句子，分成两三个形式相同、用词交错的语句，使句子的意义及内容彼此隐含、渗透、呼应、补充。如"战城南，死郭北，野死不葬乌可食"，前两句互文，"战"与"死"互补，"城南"与"郭北"互补，即"战于城南郭北，死于城南郭北"。又如"主人下马客在船，举酒欲饮无管弦"，前一句用的也是互文，即"主人和客下马，主人和客上船"。

第二节　文言文的阅读理解与古诗词的鉴赏

一、文言文的阅读理解

（一）理解字词在文中的含义

翻译可分直译和意译。直译，是将原文中的每一字句落实到译文中。意译，是根据原文表达的基本意思翻译，不拘泥于一字一句的落实。无论是直译还是意译，都需要正确理解文中关键的字词以及特殊句式。

不管是实词还是虚词，首先要搞清楚其基本义和词性。

对于不太熟悉的文言实词，我们可以根据汉字的造字法把握或推测其基本义，这是一种准确而又直观的办法。象形字最能反映本义。形声字的意符虽不等于本义，但与基本义有密切关系。如"秦惠王车裂商君以徇"中的"徇"字是形声字，左形右声，而形旁"彳"又与"行走"有关，由此可以推测，"徇"在这里是游街示众的意思。

而判断词性则必须结合具体的语句环境，遵从汉语的语法规律。记住现代汉语中"主谓宾定状补"的基本语法规范，了解各类词的语法功能，明白它们各自在句子中充当的成分，然后套用在文言文的具体语句中，问题一般能迎刃而解。如"其徒数十人，皆衣褐"中的"衣"处在谓语的位置，后接宾语"褐"，因此应作动词用，可译为"穿"。

同样，文言虚词也是如此。如"吾欲之南海"中的"之"处在谓语的位置上，后接宾语"南"，因此它是动词。而"郑商人玄高将市于周，遇之"中的"之"处在宾语的位置上，前面有谓语动词"遇"，因此它是代词（在文言文中，代词属于虚词）。

（二）理解句子在文中的含义

正确把握句子在文中的意思，关键要注意以下几个方面：

（1）准确理解常见文言实词和虚词的意义及用法，从文章整体及具体语境两个方面理解实词、虚词的意义，了解文言文与现代汉语不同的句式。在理解字词的前提下，掌握句式的特点也很关键。

（2）厘清复句中各个分句之间的语义关系。

（3）抓住关键语句，把握中心句，理解内涵丰富的语句的表层与深层含义。

（4）注意句子的比较分析，注意句与句之间的内在联系，分析其意义上的差别。

（三）分析概括作者的观点和态度

充分利用文章题目、文中或文后注释、文章出处、作者情况等信息，结合有关知识做综合分析，从而扩展视野，理解文章。文章的思想倾向主要通过作者对文中所述事件的认识、所写人物的态度、所论道理的判断及主旨寓意的评价来表现。

例文：

孙膑传

膑生阿、鄄之间，膑亦孙武之后世子孙也。孙膑尝与庞涓俱学兵法。庞涓既事魏，得为惠王将军，而自以为能不及孙膑，乃阴使召孙膑。膑至，庞涓恐其贤于己，疾之，则以法刑断其两足而黥之，欲隐勿见。齐使者如梁，孙膑以刑徒阴见，说齐使。齐使以为奇，窃载与之齐。齐将田忌善而客待之。

后十三岁，魏与赵攻韩，韩告急于齐。齐使田忌将而往，直走大梁。魏将庞涓闻之，去韩而归，齐军既已过而西矣。孙子谓田忌曰："彼三晋之兵素悍勇而轻齐，齐号为怯，善战者因其势而利导之。兵法，百里而趣利者蹶上将，五十里而趣利者军半至。使齐军入魏地为十万灶，明日为五万灶，又明日为三万灶。"庞涓行三日，大喜，曰："我固知齐军怯，入吾地三日，士卒亡者过半矣。"乃弃其步军，与其轻锐倍日并行逐之。

孙子度其行，暮当至马陵。马陵道陕，而旁多阻隘，可伏兵，乃斫大树白而书之曰"庞涓死于此树之下。"于是令齐军善射者万弩，夹道而伏，期曰："暮见火举而俱发。"庞涓果夜至斫木下，见白书，乃钻火烛之。读其书未毕，齐军万弩俱发，魏军大乱相失。

庞涓自知智穷兵败，乃自刭，曰："遂成竖子之名！"齐因乘胜尽破其军，虏魏太子申以归。孙膑以此名显天下，世传其兵法。太史公曰："世俗所称师旅，皆道孙子十三篇，吴起兵法，世多有，故弗论，论其行事所施设者。语曰：'能行之者未必能言，能言之者未必能行。'孙子筹策庞涓明矣，然不能蚤救患于被刑。……悲夫！"

(选自《史记·孙子吴起列传》)

阅读古文，应先弄懂文中容易弄错的词句。如"魏将庞涓闻之，去韩而归"中的"去"，为"离开"之意，而非现代汉语中的"去""到"。"百里而趣利者蹶上将"中的"蹶"，是"受挫折，折损"的意思。"期曰'暮见火举而俱发'"中的"期"，意为"约定"而非"希望"。"见白书，乃钻火烛之"中的"烛"，是名词用作动词，意为"照亮"。

其次，理解文中关键的句子。如"令齐军善射者万弩，夹道而伏"和"善战者因其势而利导之""五十里而趣利者军半至"等，分别表明了孙膑"能行"和"能言"的主要特点。

最后，把握全文。本节通过马陵道智斗庞涓的故事，充分表现了孙膑过人的智谋和卓越的战略战术思想。马陵之战可以说是一场心理战争，孙膑紧紧抓住魏军凶悍勇猛、瞧不起被认为胆小怯弱的齐兵的心理，精心策划，巧设埋伏，用减灶的计策诱敌深入，大破魏军，终于计胜庞涓。由此，我们可以知道孙膑精通兵法，善于扬长避短、因势利导，指挥作战常常智胜敌手，深得齐将田忌的重用。

文末"太史公曰"一段话，其实是作者的态度和评价。司马迁以史学家的眼光，阐述"能行"和"能言"的关系，评论孙膑智慧和胆识过人，却难以避免自己的不幸，对孙膑的遭遇寄予深切同情，从而启示后人：才智过人者固然可取，但学会保护自己有时更加重要。

二、古诗词的欣赏

按照诗歌表现内容的不同，古典诗歌大致可以分为山水田园诗、咏物诗、边塞诗、咏史诗和咏怀诗五类。

山水田园诗的特点是"一切景语皆情语"，即作者笔下的自然景物都融入了作者的主观情愫，或者借景抒情，或者情景交融。

咏物诗的特点在于托物言志。古人很喜欢咏物。大自然万物，大至山川河流，小至花鸟虫鱼，都可以成为诗人描摹的对象，都可以寄托诗人的感情。

边塞诗是表现军旅生活的诗作，往往表达作者对战争的厌恶、对和平的向往、对家乡的思念等。

咏史诗多以简洁的文字、精选的意象，融合作者对自然、社会、历史的感触，或喟叹朝代兴亡的变化，或感慨岁月倏忽变幻，或讽刺当政者的荒淫无耻，从而表现作者阅尽沧桑之后的沉思，蕴含了深沉的伤今怀古的忧患意识。

咏怀诗的特点就是即事抒怀。作者往往因一事有感，发而成诗，即为抒怀。

"诗以言志"，尽管诗歌的内容可以涉及思亲、送友、怀乡、赠人、战争、写景、状物等多种题材，但最终都是为了抒发感情。在赏析时，要注意以下几个方面：

（一）把握作品意象特征

古诗意象往往寓繁于简，寓万于一，以高度浓缩的艺术形象诱发想象，产生奇特的审美效果。鉴赏作品时，不仅要着眼于它们所描写的客观物象，还应透过它们的外表，看到其中注入的意蕴和感情，注意主客观两个方面融合的程度。

例文：

《春夜洛城闻笛》

［唐］李白

谁家玉笛暗飞声，散入春风满洛城。此夜曲中闻折柳，何人不起故园情？

理解此诗，关键在于理解"柳"的意象。古诗中的"柳"有特殊的含义。"柳"和"留"谐音，因此古人有折柳送行的习俗。这就很容易引申到"柳—留—惜别—依依不舍"的层面上来。于是诗中"折柳"一词所寓含的"惜别怀远"之意，就比较容易理解了。

（二）体味诗歌情、景、事交融的意境

通过描写景物来抒发感情，是中国古典诗词的一大特色。情景交融的手法有融情入景、借景抒情、寓情于景，等等，要把握景的形象性。诗歌往往用比喻、夸张、景物烘托、气氛渲染等艺术手法来体现神韵。

如李白的《黄鹤楼送孟浩然之广陵》："故人西辞黄鹤楼，烟花三月下扬州。孤帆远影碧空尽，唯见长江天际流。"这是一首融情入景、景中含情的诗。烟花含愁，孤帆载憾，天际碧水带走诗人的无尽思念。诗人的惜别之情，从每一幅画面中渗透出来。

（三）体会诗人表现的情感

诗歌往往表达作者寄托的感情，透过所写的景、物、事，流露出作者的人生态度、美好的理想和生活的哲理。要分析诗歌寄托的感情，就要推敲作品中蕴含的不同的思想感情。这就需要我们了解作者的身世和诗歌创作的时代背景，即"知人论世"，这样才可能准确地体会诗人真实的情感。同时，我们还要注意作者的逻辑思维过程。诗人经过对材料的选择、取舍、概括，最后才构成艺术形象。因此，分析诗中词句之间的逻辑关系，也能很好地体会诗人的情感。如张继的《枫桥夜泊》："月落乌啼霜满天，江枫渔火对愁眠。姑苏城外寒山寺，夜半钟声到客船。"全诗紧紧围绕着"夜泊枫桥"这一特定的环境，描写景物，抒发感情。当时诗人夜泊枫桥，不能成眠，看到了各种景物，听到了各种声音。暮秋季节凄凉、冷落的夜景，勾起诗人漂泊、孤愁的羁旅情怀。

（四）留意作者的观察视点和角度，分析作者写作的方法和技巧

由于时代、内容、生活际遇、人生观、艺术素养和艺术风格的不同，诗人可能从不同角度反映各种题材，或者同一题材。我们要仔细体味其作品思想、内容上的细微差别。

如抒情的表现手法，分为直接抒情和间接抒情，前者有直抒胸臆和即事抒怀两种，后者包括借景抒情、寓情于景、托物言志等。描写手法有虚实相生、动静结合、明暗对比、以小见大、怀古惜今、粗笔勾勒和细部描绘相结合等。具体采用什么写法，是由主题的需要决定的。我们要在对具体篇章的分析中仔细体味，并从中领悟作品的基本风格。

（五）感受修辞手法的艺术效果

在古典诗词中，修辞手法的运用是相当普遍的。一般而言，在整体构思上经常用到拟人、比喻、双关、象征、比兴、借代、夸张、设问、反问、排比等修辞手法。我们要根据它们各自的特征和功能，理解诗歌。

在欣赏古典诗词时，尤其需要注意作品中"典故"的运用。用典，是古诗词中常用的一种表现方法，它在增强作品意蕴的同时，也给我们的阅读造成了一定的障碍，甚至直接影响对整个作品的鉴赏。所以，我们必须对作品中的"典故"有初步的理解，透过典故的本义，理解其在诗中所蕴含的意义。用典有明用的，也有暗用的，有正面用的，也有反其意而用的，在分析时要十分留意。

例文：

《如梦令》
〔宋〕李清照

昨夜雨疏风骤，浓睡不消残酒。试问卷帘人，却道海棠依旧。知否？知否？应是绿肥红瘦。

赏析：

诗中的"不消"，表面是指酒意未消，但从全词立意看，实际的深层含义是指消不尽的伤感和烦闷情绪。"绿肥红瘦"中，"绿""红""肥""瘦"用的都是借代的修辞手法，"绿"和"红"分别指代叶和花，"肥"和"瘦"分别形容叶的茂盛和花的凋零，这体现出作者炼字的新奇。词作从一般叙述，转入一问一答，然后是设问和慨叹，层层拓展深入。词虽简短，却兼具叙事过程和抒情层次，用寓情于事、融情于景的表现手法，在与侍女的一问一答之间，委婉含蓄地流露出惜春的情愫。

例文：

《出塞》
〔唐〕王昌龄

秦时明月汉时关，万里长征人未还。但使龙城飞将在，不教胡马度阴山。

赏析：

首句运用互文见义的写法，写出诗人由眼前的"明月"和"关"，联想到秦汉两代我军曾经有效地抵御匈奴的入侵。第二句写外族入侵，战士们因抵御外侮而长期不能归还。三、四句借用飞将军李广英勇杀敌、力保边疆的典故，委婉地批评了当时领兵远征的主将。整首诗情绪悲壮而不凄凉，明畅而不浅露，慷慨而又含蓄，体现了王昌龄七言绝句特有的风格。

第三节　现代文的阅读与理解

一、理解词语在文中的含义，把握文中关键的语句

现代文阅读中，所谓"重要句子"，一般包括提示文章中心、主旨、观点和情感的语句，在结构层次上有重要作用的语句、内涵丰富的语句、结构复杂的语句等。阅读过程中，我们首先要对文章结构进行梳理，把语段或篇章的内容有条理地分列成若干要点，把握文章的主要内容及结构，把对"重要句子"的理解与文章的主旨结合起来。注意体味句子，不要将已然当未然，将部分当整体，将一般当特殊，将相对当绝对。注意选用精练而准确的语言，对句子和文章进行概括；对于句子的比喻义、象征义、指代义、反语义等隐含意思，则必须结合具体的文章内容，从上下文的语境中概括，切忌望文生义或断章取义。

现代文阅读一般可以从句子的结构、关键词、修辞特点、标点符号、表达手段、表达效果、文段内容等方面进行分析。具体做法如下：

（一）结构的分析

我们通常可以通过句子的语法结构来分析复杂的语句，分清句子的主干，明确陈述的对象，理解其修饰、限制的成分，划分句子的主、谓、宾、定、状、补，拆分句子的内容成分，将句子分成不同层次，化复杂为简明。

先找出句子的中心，确定主、谓、宾；然后确定提取状语，注意每一个状语的位置；再确认提取定语，注意定语的排列次序，句子所强调的往往是靠近中心词的部分。

分解长句一般采用由内向外或由外向内的办法。同时，对于复句还要注意明确其句子之间的关系，要善于借助句群关系来理解句子所表达的中心或重点。

定、状、补这些修饰限制成分，往往暗含或揭示句子的内涵。所以，对这些成分的理解是很重要的，尤其应注意指代词、关联词、副词、否定词等的确切含义。

常用的指代词如"这""那""这些""那些""它""它们""此"等，作者为了行文简洁，常用这些代词替代文中的各种信息、观点、例证等。我们可以依据语境选取最接近代词的句子或内容，确认每一个代词的含义，并厘清不同代词之间的关系，如并列、交叉、包容等，才能确认文章的说明对象和说明观点。指代多半是承前指代，如果把指代的内容代入原文，可以读通的一般是所指代的内容；有时指代的内容比较多，代入原文都可以读通，甚至能够理解通顺，就应该考虑最接近代词的内容，还可以与本段小论点对照，选择最接近论点的内容。如果指代内容含有修辞手法，就须推知修辞的具体含义。

常见的关联词有表示递进、并列、假设、条件、因果、转折等关系的几大类。阅读时，要学会"顺藤摸瓜"：看到"首先"，要想到"其次"；看到"多项条件"，要找到

"唯一条件"；看到"所以"，要寻找原因，等等。

对"已经""将来""或许""可能""设想"等副词，要厘清前后顺序关系，分清既成事实或未成事实，理解词语的内涵和外延。

常用来表否定意义的词，有"不""非""没有""否决""推翻""拒绝""无条件""严禁""取消"等。其中要注意双重否定表示肯定的意思。

如果一句话中否定词超过三个，先取出两个否定变为肯定，再理解全句的意思。还要弄清一些表示否定词语的确切含义，如"绝对"等于"无任何条件的、不受限制的"，"无条件"是"无要求限制"的意思。

有时，一句话表述内容相反的两个部分。常用词语有"反之""否则""相反""降低""缩小""截然相反""不同于"等。首先要理解表示相反词语的具体意义，具体到一句话要仔细分辨词语的细微差别。如果两句话表达的内容不同，要把原句仿写下来，然后对照主、谓、宾的区别，如"满月的时候地球两极的气温有所升高，但中纬度地区情况截然相反"一句中，理解"截然相反"可仿写"满月的时候中纬度地区气温有所降低"。又如：

有这样一种假说：冬眠是一种高度发达的机能。冬眠的哺乳动物虽然与人类一样都是温血动物，但是它们在更宽范围的调节性上获得了进化，例如在体温调节上，就要比非冬眠动物强。

分析：这一自然段中，"假说"后面有两句话，第一句中"机能"的定语是"高度发达"，而后面的长句也正是说明为什么"高度发达"。由此来看，在物种进化的过程中，某些哺乳动物在调节性上获得了进化，从而具备冬眠的功能。在后一句中，作者所表达的重点应该在转折连词"但是"后面的部分，强调冬眠的哺乳动物体温调节机制要比非冬眠动物强。人类当然属于非冬眠动物。言下之意，冬眠的哺乳动物比起人类来，具有更强的体温调节机制。这样一分析，句子就容易理解了。而从句子的语法结构分析，更有助于对句子的理解。要注意"在体温调节上，就要比非冬眠动物强"的主语，是前面的"冬眠的哺乳动物"。也就是说，哺乳动物不论冬眠的还是非冬眠的，都能够调节体温，只不过有强有弱。换个角度讲，冬眠的哺乳动物和非冬眠的哺乳动物之间的区别，并不在于体温是否可以调节。这样，句子的意思就明晰了。

（二）内容的联系

重要的句子往往在文章中或语段中起关键作用。因此，我们在注意它本身的结构（特别是修饰、限制成分）的同时，还必须考虑它在文章中所处的地位。如果句子在文章、语段中起着总结的作用，那么理解、解释它时就必须从它所领起的那些内容来分析；如果该句起过渡、承上启下的作用，那就要注意联系上下文的意思；如果该句起小结的作用，那么理解、解释时就必须联系上文，找出相关的信息。总之，要抓住句子的"管辖"范围，在句子的"辖区"内寻找答案。

有些重要句子，要抓住它所在的语段进行分析，重点是看与这个句子相邻的上下句，因为这些句子中往往隐含着一些信息，有的还必须结合中心思想来理解句意。中心思想渗透在文章的各个部分，任何一个关键句子都与这个中心思想有这样或那样的联系，这就要与文章中心和内容相结合。例如：

说到成功，人们有一个错误的观念：成功只等于成名。有人认为，只有扭转乾坤的壮举才算是成功的举动；有人认为，只有领袖、名人、称得上"家"的人，才算是成功者；有人则干脆断言，世界上没有一个成功者，因为人生的最终结局是悲剧——后人肯定会超越前人。这实在是一种可怕的自卑。

分析：文章第一句话是总起。第二句是对第一句的分说，是第一句的管辖区，这里提到的三种人都是有"成功只等于成名"这一错误观念的。第三句是对第一句的承接。这样，就不难理解文章的意思，即"成功只等于成名"是一种错误的观念，是一种可怕的自卑。

（三）背景的参照

有的句子还要结合社会背景、写作背景、作者经历或遭遇来理解。社会背景往往与作品反映的内容、作者的写作目的有密切关系。所以，我们绝不能忽视文中任何一个细小的字句，包括正副标题、文前按语、文章的作者、写作时间和文后注释等。例如：

茨威格的文章《世间最美的坟墓——记1928年的一次俄国旅行》注：列夫·托尔斯泰（1828—1910）是19世纪至20世纪初叶俄国最伟大的文学家，也是世界文学史上最杰出的作家之一。

分析：通过标题中"坟墓"两字可以知道，文章的主要内容是写已经去世的人。文章第一句话就提到了主人公——托尔斯泰，文末注释提到他的生平，而其中"1828"与副标题中的"1928"又有微妙的关系。由此我们大致可以猜出，这是一篇纪念俄国文学家列夫·托尔斯泰百年诞辰的文章，从而也就很容易理解文中那句"在这个特殊的日子里"的意思了。

（四）表达方式分析

了解叙述、描写、说明、议论和抒情五种表达手法的基本特点和运用效果，能帮助我们更好地理解文章。在不同的文章中，各种表达手法的作用是不同的。

比如说明文和议论文中都运用概念、判断、推理，但议论文是以此来表明自己的看法和主张，而说明文是用来解说或阐释对象的性质与特征。议论文是晓人以理，说明文是喻人以知。说明文中运用形象性的语言或各类修辞手法，目的不是抒发感情或塑造形象，而是帮助读者认识说明对象的本质、特征等。议论文中的议论是文章的主要表现手法，具有完整而严密的议论过程。

记叙文中也有议论，这种议论作为辅助的表现手法，只是局部的片言只语式的，而不是一个完整的议论过程，往往带有形象性，感情色彩较浓。这种议论建立在叙述的基础上，有先叙后议、先议后叙或夹叙夹议三种，往往是文章的闪光部分，起着充实内容、深化主题、画龙点睛的作用。

（五）修辞手法

在分析含有修辞格的语句时，我们要准确理解其比喻的相似性、借代的相关性、反语的讽刺性等。因此，掌握常用的表现手法和修辞手法，明确它们的修辞作用，对理解和鉴赏文章很有帮助。

（1）比喻。比喻的作用就是使深奥的道理浅显化、抽象的道理形象化、陌生的东西熟悉化，以增强文章的趣味性、生动性。贴切的比喻，本体与喻体之间必然有相似点。这种相似点越明显、越突出，比喻就越贴切。找出这种相似点，就能领会本体与喻体之间的一致性和比喻的合理性。

（2）拟人。拟人可以赋予无生命、无思想情感的东西以人的情感、思想、动作。很多抒情散文就是这样来安排的，往往用第二人称来写，以方便抒发感情，使文章显得亲切自然。说明文也常用此法来描述对象的特征。如高士其《我们肚子里的食客》，除了将细菌比喻成食客外，还将细菌人格化，让它们具有人的外貌、表情、动作和性格，给人以深刻的印象。

（3）反衬。文章中将两种有主次之分的事物或人相对照、比较，在对比中，反衬出主要对象的特征。

（4）对比。对比越鲜明，感情倾向就越明显，就越能突出作者的感情。如邓小平《建设有中国特色的社会主义》一文中，在论证坚持改革开放的论点时，用了对比法，以三十年来的反面教训，即闭关自守搞建设是发展不起来的，与正面论证相对比，从而证明改革开放非搞不可。

（5）反复。反复的作用就是突出强调思想感情，升华主题。

（6）排比。排比的主要作用在于：抒发强烈奔放的感情，加强语言的气势，突出表达的重心，增强文章感染力。用排比说理，可以把论点阐述得严密透彻；用排比抒情，可以把感情抒发得淋漓尽致；用排比叙事，可以把事情叙述得井然有序；用排比写人，可以把人物刻画得细致深刻。

（7）象征。象征是文艺创作的一种表现手法，往往是意在言外，用具体的事物表现某种特殊意义，或通过某一特定具体的形象，以表现与之相似或相近的概念、思想和感情。如史铁生的《我与地坛》，落笔地坛，却实写母爱。两者表面似不相干，但对作者而言，地坛和母亲都是抚平创伤、汲取安慰、焕发新生的源泉。

（六）逻辑常识

借助逻辑常识，可以准确掌握文中的重要概念与基本内容。我们要了解逻辑概念的内涵和外延，弄清概念的限制和概括；概念要明确，不能随意扩大、缩小或偷换；弄清概念之间的逻辑关系，其中包括同一关系、属种关系、交叉关系、矛盾关系和对立关系五种。

（七）标点符号

标点符号作为文章的有机组成部分，使用时是根据表达的需要而选择的。适当关注标点符号，对阅读理解有一定帮助。如冒号往往提示有总分关系，或提起下文的分说，或引出解释说明，或总结上文。引号除表示引用外，还可以表示强调或特别指出。分号、顿号往往表示并列关系。感叹号表示语气强烈。括号往往是解释性的。破折号除了表示解释外，还可以表示话题的转换。

二、辨析、筛选文中重要的信息与材料

（一）重要信息

阅读文章时，先看题目涉及文中哪些段落或区域，以确定对应的语句。然后，抓住重要的、有效的信息，不要遗漏，分析这一段里每一句话的意思。透过现象，深入本质，分析这些信息有什么异同、有什么关系。再厘清段落之间的关系，了解行文思路。最后，将这些信息加以筛选、整理、加工。

（二）方法

读文章时，应从头到尾仔细阅读，争取完全读懂。在读的过程中，如果有个别语句不能读懂，一般往下看到一个语义陈述完时，就应该停止，再回到原来不懂的地方。结合此处的前后语句，读懂后继续读下去。这样反复，直到读完全文。

考试时，要一字一句地仔细阅读题干和选项，找出考查的信息和设置题目的角度。然后结合题干提供的信息，有重点地阅读文中关键部分，并画出与选项有关的信息。

把选项和与选项有关的信息结合起来，仔细比较。每个题目中设置的干扰项，都是可以从原文中找出依据并予以排除的，因此必须找准原文的关键词句细心对照。

三、划分文中的结构层次，把握各层次的内在联系

层次的划分有利于理清文章各部分内容之间的相互关系，从宏观上驾驭文章，领会文章的主旨与内涵。

（一）全文的结构层次

不同的文体会有不同的结构形式，这就需要辨别文章的体式。议论文主要应抓住论证层次，即主题句、中心论点、分论点、层次安排、论据和论证方法的使用。记叙文则主要应抓住叙述线索。线索是串起文章全部材料、推进内容发展的"筋络"，往往一串到底，既可以是"人""时间"，也可以是"事件"或"题眼"。说明文要抓住说明的顺序，即文章究竟是用时间、空间、逻辑、总分或并列中的哪一种方式来安排的。如叶圣陶的《苏州园林》，就是采用先总说、后分述的方式架构全文，先点出苏州园林的地位和影响，然后概述其总体特点，再从几个方面对这一总体特点进行生动具体的解说。

（二）段落、语句内部的结构层次

我们往往根据需要逐级分层，按内容和逻辑常规来分析段落、语句内部的结构层次。可以根据概括出的意思，或者相关的副词和连词来判断。

例如：义理和考据，是属于文章内容方面的问题。讲究义理就是要求观点正确，论据充分。讲究考据就是要求材料准确。辞章是属于文章形式方面的问题。讲究辞章就是要求适合于内容完美的形式。义理、考据和辞章虽然是三个不同方面的要求，但是这三个方面是密切地相互关联着的。

分析：文章最后的转折句起着承上启下的作用。前半句应该是对前面的总结，讲义理、考据和辞章之间的不同点；后半句引出下文，讲三者之间的关联点。所以，前面五句都是分说。这五句又可以分为并列的两个部分，前三句为一部分。这一部分又可以分为总分关系的两部分，第一句为总说，后两句为分说。其中分说的部分还可以分成并列的两个部分。这样层层分析，就很容易理解文章的思路和含义。

四、分析与概括文章的思想内容

分析和概括阅读材料时，不仅要知道并理解作者说出的话，还要知道并理解作者没有说出的话。根据文章内容或信息进行推断，推断出材料中没有直接给出的结论，推断出作者在文章中暗示的事物发展趋向，以及作者对某些观点或现象的个人看法，或对某些事物的评价态度。

（1）全面理解文章整体内容，准确提炼基本信息。首先应在整体阅读的前提下，把握全文的基本思想倾向、观点态度，筛选出文中有关的重要信息，注意不同观点之间的区别及作者对它们的评论或看法。读通全文，才能总体把握全文的主要内容。只有这样，才不会犯断章取义、以偏概全的错误。

（2）抓住文章中的隐含信息。挖掘有关材料或信息中的隐含信息，是阅读理解的一个难点，也是一个重点。对某些没有明确或现成说法的问题，要仔细思考，弄清作者暗示的事件发展趋向，试着变换角度来理解文章提及的问题。在分析总结文章时，不能仅用某一方面的材料、观点，而要全面考察，包括时间、地点等因素的变换。

（3）注意关键的语言环节。语言形式的提示作用，对理解文章也很有帮助，因此，对其应予以密切关注。抓住某些关键词语，也就可能找到了打开思路的钥匙，如表示时间、次序、趋向、主次、判断、类比、总结、概括等关系的语词，表示因果、转折、条件等关系的句式。

（4）掌握必要的推断方法。这主要指一般的逻辑推理方法，如分析、综合、归纳、演绎等。

例文：

乡土情结

柯灵

每个人的心里，都有一方魂牵梦萦的土地。得意时想到它，失意时想到它。逢年逢节，触景生情，随时随地想到它。辽阔的空间，悠邈的时间，都不会使这种感情褪色：这就是乡土情结。

人生旅途崎岖修远，起点站是童年。人第一眼看见的世界，就是生我育我的乡土。他从母亲的怀抱,父亲的眼神,亲族的逗弄中开始体会爱。乡土的一山一水,一草一木,都溶化为童年生活的血肉,不可分割。而且可能祖祖辈辈都植根在这片土地上,有一部悲欢离合的家史,在听祖母讲故事的同时,就种在小小的心坎里。邻里乡亲,早晚在街头巷尾、桥上井边、田塍篱角相见,音容笑貌,闭眼塞耳也彼此了然,横竖呼吸着同一的空气,濡染着同一的风习,千丝万缕沾着边。一个人为自己的一生定音定调定向定位,要经过千磨百折的摸索,前途充满未知数,但童年的烙印,却像春蚕作茧,紧紧地包着自己,又像文身的花纹,一辈子附在身上。

"金窝银窝,不如家里的草窝。"但人是不安分的动物,多少人仗着年少气盛,横一横心,咬一咬牙,扬一扬手,向恋恋不舍的家乡告别,万里投荒,去寻找理想,追求荣誉,开创事业,富有浪漫气息。有的只是一首朦胧诗——为了闯世界。多数却完全是沉重的现实主义格调:许多稚弱的童男童女,为了维持最低限度的生存要求,被父母含着眼泪打发出门,去串演各种悲剧。人一离开乡土,就成了失根的兰花,逐浪的浮萍,飞舞的秋蓬,因风四散的蒲公英,但乡土的梦,却永远追随着他们。浪荡乾坤的结果,多数是少年子弟江湖老,黄金、美人、虚名、实惠,都成了竹篮打水一场空。

安土重迁是中华民族的传统。鸟恋旧林,鱼思故渊;树高千丈,落叶归根。但百余年来,许多人依然不得不离乡别井,乃至漂洋过海,谋生异域。有清一代,出国的华工不下一千万,足迹遍于世界。美国南北战争以后,黑奴解放了,我们这些黄皮肤的同胞,恰恰以刻苦、耐劳、廉价的特质,成了奴隶劳动的后续部队,他们当然做梦也没有想到什么叫人权。为了改变祖国的命运,孙中山领导的革命运动发轫于美国檀香山,第一代中国共产党人,很多曾在法国勤工俭学。改革开放后掀起的出国潮,汹涌澎湃,方兴未艾。还有一种颇似难料而其实易解的矛盾现象:鸦片战争期间被割弃的香港,经过一百五十年的沧桑世变,终将回到祖国的怀抱,这是何等的盛事!而一些生于斯、食于斯、惨淡经营于斯的香港人,却宁愿抛弃家业,纷纷作移民计。这一代又一代炎黄子孙浮海远游的潮流,各有其截然不同的背景、色彩和内涵,不可一概而论,却都是时代浮沉的侧影,历史浩荡前进中飞溅的浪花。民族向心力的凝聚,并不取决于地理距离的远近。我们第一代的华侨,含辛茹苦,寄籍外洋,生儿育女,却世代翘首神州,不忘桑梓之情,当祖国需要的时候,他们都做了慷慨的奉献。香港蕞尔一岛,从普通居民到各业之王、绅士爵士、翰苑名流,对大陆踊跃捐助,表示休戚相关、风雨同舟的情谊,是近在眼前的动人事例。

"美不美,故乡水,亲不亲,故乡人。"此中情味,离故土越远,就体会越深。科学进步使天涯比邻,东西文化的融会交流使心灵相通,地球会变得越来越小。但乡土之恋不会因此而消失。

分析:

本节以乡土情结为叙述线索,可分为三个部分。先总述乡土情结,为第一自然段,以不会褪色的乡土情结开篇,开门见山;后以乡土情结的形成和表现为主线,就时间、空间和时空三个层次,脉络清晰地阐释乡土情结,为第二、三、四自然段;最后以不会消失的乡土之恋结篇,议论抒情,赞美乡土情结,首尾呼应,为第五自然段。这样,文章的结构层次就基本清楚了。

文中的描述是充分艺术化和形象化的。比喻句"失根的兰花,逐浪的浮萍,飞舞的秋蓬,因风四散的蒲公英",生动形象地写出了远离乡土的游子们孤苦无助的境遇。乡土情结的形成过程中,乡土给人们打下的"童年的烙印"也是艺术化的。通过对文章的提炼和概括,我们可以领会,这"烙印"来自父母亲族的爱、家乡的山水草木、悲欢离合的家史和邻里的乡情等方面,这"童年的烙印"在人们乡土情结形成中的作用是不可忽视的。

参考文献

[1] 傅来兮, 王馥庆. 丝绸之路教科文发展中语言文字推广对策研究 [J]. 陕西广播电视大学学报, 2019, 21 (04): 72-78.

[2] 刘继文, 良警宇. 文化资本理论视角下瑶族语言文字的传承与发展研究 [J]. 广西民族研究, 2019 (05): 166-173.

[3] 范媛媛, 杨艳辉. 浅析汉语言文字的艺术特点与创新设计——评《汉语言文字研究》[J]. 新闻爱好者, 2019 (06): 99.

[4] 吴文文. 从东汉碑刻通假字考订东汉语音 [J]. 安康学院学报, 2017 (06).

[5] 胡湛. 汉语言文字的特点及其对中国文学的影响探讨 [J]. 长江丛刊, 2015 (25).

[6] 李莎. 汉语言文字对中国文学的影响 [J]. 佳木斯教育学院学报, 2018 (03).

[7] 于俊英. 浅析汉语言文字对中国文学的影响 [J]. 剑南文学（经典教苑）, 2018 (01).

[8] 张军. 谈汉语言文字对中国文学的影响 [J]. 剑南文学（经典教苑）, 2017 (03).

[9] 罗雨晴. 语言的深渊——论中国语言文字对中国文学的影响 [J]. 金田（励志）, 2016 (12).

[10] 蒋冀骋. 三十年来汉语言文字学研究的回顾与反思 [J]. 湖南师范大学社会科学学报, 2009 (4): 119-124.

[11] 王百涛. 二十世纪八十年代以来现代汉语语法研究概况综述 [J]. 内蒙古民族大学学报, 2010 (3): 10-12.

[12] 陈昌来. 中国语言学史研究的现状和思考 [J]. 上海师范大学学报（哲学社会科学版）, 2018 (3): 117-124.

[13] 闫方洁, 宋德孝. 历史虚无主义的解构主义叙事及其方法论悖论 [J]. 思想教育研究, 2017 (4): 76-79.

[14] 张强. 从解构主义视角解析汉字设计艺术 [J]. 采写编, 2017 (5): 63-64.

[15] 汤晓燕. 解构主义视角下的汉语言文字学研究 [J]. 北方文学：下, 2016 (2): 150.

[16] 吴迪. 现代技术手段在汉语言文字学中的应用 [J]. 长春教育学院学报, 2014, 30 (01): 100-101.

[17] 吕东晖. 现代教学技术手段在大学英语阅读教学中的应用 [J]. 现代商贸工业, 2016, 37 (10): 157-158.

[18] 徐时仪. 二十世纪训诂学研究回顾 [J]. 古籍研究, 2003 (2): 90-97.

[19] 暴慧芳. 汉语古文字合文研究 [D]. 重庆: 西南大学, 2009.

[20] 赵家栋, 董志翘. 敦煌文献中并不存在量词"笙" [J]. 语言科学, 2012 (2): 436-440.

[21] 毛远明. "兕"的俗变考察 [J]. 中国语文, 2010 (5): 557-560.

[22] 吴继刚. 唐《张弼墓志》释文校正 [J]. 西华师范大学学报（哲学社会科学版）, 2013 (4): 101-104.

[23] 吴继刚. 《新中国出土墓志·陕西卷》释文校正 [J]. 四川文理学院学报, 2013 (4): 86-91.